ARBEITSBUCH GEBETE

Ideen, Anleitungen, Beispiele und Überlegungen zur Gestaltung gottesdienstlicher Gebete

Herausgegeben von Erhard Domay und Jürgen Frank

Gütersloher Verlagshaus

Die Deutsche Bibliothek – CIP-Einheitsaufnahme

Arbeitsbuch Gebete :
Ideen, Anleitungen, Beispiele und Überlegungen
zur Gestaltung gottesdienstlicher Gebete /
hrsg. von Erhard Domay und Jürgen Frank. –
Gütersloh : Gütersloher Verl.-Haus, 1994
ISBN 3-579-02975-4
NE: Domay, Erhard [Hrsg.]

ISBN 3-579-02975-4

Umschlagfoto: Frank Wöllzenmüller, Oberhaching, unter Verwendung eines Fotos der Kathedrale von Montreale
Satz: Satz-Service Hölscher, Versmold
Lithos: Scanlight GmbH, Marienfeld
Druck und Bindung: Ebner Ulm

Gedruckt auf chlorfrei gebleichtem Werkdruckpapier

Printed in Germany

Inhalt

Fürbittengebete

Gebete bei besonderen Anlässen

Vorwort

Liebe Leserin, lieber Leser!

Sie gehören offenbar entweder zur Gruppe der Überarbeitungsliturgen oder der schöpferischen Liturgen. Vielleicht sind auch Sie einmal dieses und einmal jenes. Auf alle Fälle unterscheiden Sie sich von der Gruppe der Ableseliturgen, sonst hätten Sie nicht zu diesem Buch gegriffen. Es ist nicht erst die nun an vielen Orten eingeführte oder zur Erprobung freigegebene »Erneuerte Agende«, durch die eine »Ableseliturgik« an Grenzen gerät. Zwischen zu vielen Alternativen ist auszuwählen, ist mit Bewußtsein und kompetent zu entscheiden. Zu viele Elemente des Gottesdienstes sind der jeweiligen Situation anzupassen, zu variieren und zu gestalten. Am Konzept der »Erneuerten Agende« wird nur sichtbar, was sich gegenwärtig in der gottesdienstlichen Landschaft vollzieht.
Statistisch gesehen, hat sich der Gottesdienstbesuch seit Mitte der siebziger Jahre auf einem bestimmten Niveau stabilisiert. Gleichzeitig sanken allerdings die Besucherzahlen des normalen Hauptgottesdienstes. Dieser Schwund wurde aufgefangen durch eine immer größer werdende Vielfalt von Sondergottesdiensten. Sondergottesdienste wollen in differenzierter Form sehr unterschiedliche Gruppen von Gemeindegliedern ansprechen – allen dogmatischen Bestimmungen zum Trotz, die in dem *einen* Gottesdienst die versammelte ganze Gemeinde in Erscheinung treten sehen. Verschiedenartige Anlässe, oft mit örtlichem Brauchtum verbunden, lokale oder zeitgeschichtliche Gelegenheiten führen zu individuellen Formen der Gottesdienstgestaltung. Beispiele hierfür finden sich in diesem Arbeitsbuch. Evangelische Gemeindeglieder haben inzwischen die Möglichkeit, vom Gottesdienstangebot unterschiedlichen Gebrauch zu machen – und sich ihre Gottesdienste auszusuchen. Die Schlagworte, mit denen die gesellschaftliche Lage charakterisiert wird, sind brauchbar auch zur Beschreibung der Situation des Gottesdienstes: Säkularisierung, Differenzierung, Individualisierungsschub usw. Viele sehen daher die Zukunft *des* Gottesdienstes als eine Zukunft *der* Gottesdienste. Daraus ergibt sich die Notwendigkeit, die im Gottesdienst verwendeten Texte aktuell, spezifisch und authentisch zu formulieren. Liturginnen und Liturgen stehen vor der Aufgabe, Formen bereitzustellen, die mehr auffangen können als den individuellen Ausdruck ihres Glaubens. Das erfordert die Bereitschaft, den eigenen Horizont so zu weiten, daß neben dem Individuellen Raum ist für das Gemeinsame. Die Spannung zwischen dem Individuellen als dem innersten Antrieb des Betens und dem Gemeinsamen als der Basis für das gemeinsame Beten ist nicht nach der einen oder der anderen Seite hin aufzulösen. Sie begegnet als Struktur der Beziehung in jeder Vorbereitungsgruppe für

einen Gottesdienst. Sie begegnet als Struktur im Verhältnis auch zu den Müttern und Vätern im Glauben – also im Verhältnis zur Tradition. Diese Spannung muß immer wieder ausbalanciert werden, vom Einzelnen und von der Gruppe.
In dieser Situation ist es sinnvoll und notwendig, die *Gemeinde* stärker in die Gottesdienstgestaltung einzubeziehen. Kirchenvorstände sollen ihn zu ihrer ureigenen Sache machen. Gottesdientvorbereitungskreise sollen sich üben, Texte zu entwerfen und vorzutragen. Aber wer macht die Laien kompetent? Die Ausbildung an den Universitäten und den Predigerseminaren ist kaum ausreichend, die professionellen Liturginnen und Liturgen für ihre Aufgaben zu befähigen. Wie sollen nun gerade sie die Laien aktiv an der Gottesdienstgestaltung beteiligen? Die Beispiele dieses Buches wollen eine Plattform anbieten, auf der eine Verständigung über Form und Inhalt, über Stil und Sprache möglich wird.
Nötig wäre allerdings eine Liturgiedidaktik, die weit mehr umfassen müßte als Ratschläge für die Formulierung von Gebetstexten. Hier liegt die Grenze dieses Buches.
Liturgie ist ein Tun, ein Geschehen, das Leib und Seele umfaßt. Aus dieser Einsicht heraus ist zu fordern, daß der Mensch in seinen Gebärden und Handlungen wieder symbolfähig werden muß. Am Anfang steht allerdings die Wahrnehmung des eigenen Körpers bereits bei der meditativen Vorbereitung auf den Gottesdienst. Davon ist im ersten Kapitel die Rede. Die weiteren Kapitel folgen dem Gottesdienstverlauf. Einige von ihnen werden kurz eingeleitet. Da und dort haben wir ordnende oder erläuternde Hinweise eingefügt, die Jürgen Frank formuliert hat. Sie sind durch eine graue Rasterung gekennzeichnet.
Wir wollen mit diesem Arbeitsbuch Beispiele und Kriterien bereitstellen, damit Liturgen und auch Gruppen mehr Sicherheit in ihren Entscheidungen und in ihren Urteilen gewinnen können. Es ist also für jene gedacht, die vor den Aufgaben der Gottesdienstgesaltung stehen und denen ein angemessener und gestalteter Ausdruck des Glaubens auch im Gebet wichtig ist. Das Arbeitsbuch will das Verständnis für die unterschiedlichen Formen und Funktionen, für die lebensgeschichtlichen und gottesdienstlichen Kontexte von Gebeten erschließen. Die Schwierigkeiten des Betens gehören daher ebenso zu den behandelten Themen wie die Arbeit mit und an der eigenen Sprache.

Die Herausgeber

Zum Gebet und zur Sprache des Gebets

Wie die Meditation zum Beten dient

Bernhard von Issendorff

Die Verhältnisbestimmung

Die Verhältnisbestimmung von Meditation und Gebet ist deshalb so schwierig, weil beide Begriffe sehr unterschiedliche Phänomene versammeln. Wer also die Verhältnisbestimmung wagt, muß zuvor sagen, was er mit Meditation und mit Gebet meint. Dies würde den Rahmen dieser praktischen Überlegung sprengen. Wer wem dient, kann nicht allgemein gültig ausgemacht werden, sondern nur persönlich beantwortet werden. Ich erzähle also, wie sich für mich als praktischer Theologe die Dinge im Leben zueinander ordneten. Nicht die Systematik ist bestimmend, sondern die Biographie.

Das Unbehagen mit der Predigtmeditation

Als junger Theologe begriff ich nicht, warum man von Predigtmeditation sprach und unter dieser Überschrift sauberes exegetisches und systematisches Handwerk erwartete. Meditation ist doch mehr als die Einübung in den Text und in die Gemeinde. Aber ich wollte eigentlich wissen: »Wie macht man das?« Und ich wurde den Verdacht nicht los, auch jene, die Predigtmeditationen schrieben, wußten nicht das Handwerk des Predigers und die Meditation zu verbinden. Vielleicht war ja der Versuch der Skopusfindung, mit der wir uns als Studenten und Vikare plagten, so etwas. Das war der Extrakt der exegetischen Arbeit, den wir über den garstigen Graben an das andere Ufer, das der Gemeinde, zu werfen beabsichtigten. Der Text verdarb dabei. Warum erzählte die Bibel so schöne Geschichten und wir destillierten dürre Sätze daraus. Sollte die Meditation dieses Pulverkonzentrat wieder mit dem Lebendigen Geist aufbrühen?
Für viele Pfarrer verlor deshalb der Text immer mehr an Bedeutung. Es reichte, wenn man die Gemeinde, und sei es mit den eigenen Lieblingsideen, erreichte. Andern war die Gemeinde zu fern, um sie zu erreichen, dann wurden die Predigten zu Bibelarbeiten.

Predigtvorbereitung unter Gebet

Wie kann man methodisch abgesichert den Weg vom Text zur Gemeinde gehen? Ich machte es für mich wahr, daß die Arbeit am Text und die Ausrichtung auf die konkrete Gemeinde nicht ohne das Gebet sein konnte. Wenn Schreiber heiliger Texte, wenn die Ikonenmaler nicht ohne Gebet schreiben oder malen können, wie sollten es die Prediger können? Und wie

die Schreiber und die Maler eine geistliche Disziplin brauchen, so kommt der Prediger nicht ohne sie aus.
Und tatsächlich ändert das Gebet des Predigers seine Predigtarbeit. Er muß dennoch übersetzen und Kommentare lesen und theologisch verantwortlich arbeiten, aber durch das Gebet bekommt sein Forschen eine andere Qualität. Viel schneller wurde ich der Gefahr angesichtig, gottlos zu forschen und sündig zu predigen, nämlich nicht mehr Gott als Gegenüber und mich ansprechend zu achten und über ihn zu reden und seinen Namen leichtfertig zu mißbrauchen.
Predigtarbeit mit und im Gebet verändert den Prediger und schließt ihn zum geistlichen Leben auf (das solches dann auch von seinen Hörern bemerkt wird und auch hier verändernd wirkt, sei nebenbei angemerkt. Notabene ist die wirkungslose Predigt bei aller Theologie und Rhethorik ein Anzeichen von der Geistvergessenheit der Kirche und nicht zuletzt der Predigerseminare). Predigthören mit und im Gebet verändert den Predigthörer, die Predigthörerin und läßt die Predigt zu einem spirituellen Dialog werden. Der Kanzelgruß und Kanzelsegen werden als Gebetsgeschehen kaum noch verstanden, könnten aber neu entdeckt werden. Freilich wird dies nur dann möglich werden, wenn die bis zur Sinnleere abgeschliffenen Formeln aufgegeben bzw. mit neuem Leben gefüllt werden. Ja, und wenn der Gemeinde der Gebetsrahmen einer Predigt verdeutlicht wird.

Erste Veränderungen bei der Predigtvorbereitung

Im wiederholenden Lesen setzte ich den Text, den ich zuvor analysiert hatte, wieder zusammen. Lautes Lesen in der Ursprache, aber auch in der Übersetzung, den Übersetzungen vertieft. Wiederholung verinnertlicht. Das Verinnerlichte aber geht mit, wird beim Hinausgehen aus dem Studierzimmer den Kontexten des Schulunterrichtes, des Hausbesuches und dem Frauenkreis ausgesetzt, aber auch mit in die Konferenz getragen und durch die Gespräche mit Freunden und Fremden, mit Trauernden und Fröhlichen.
Ich habe es oft aufgegeben, nach der Mitte des Textes zu suchen, sondern ich habe die Vielfältigkeit und die Mehrdeutigkeit einer Erzählung gesucht und mir schenken lassen. Die einfachen Sätze sind alle einfach falsch. Gott ist keine Formel und sein Handeln durch keine Weltgleichung einzufangen. Der Islam spricht deshalb von den neunundneunzig Namen Allahs, der Hinduismus kennt die tausend Gesichter Shivas, die vielfältigen Erscheinungen Krishnas. Und auch das Judentum weiß vom verborgenen Auftreten des Messias zu erzählen. Nie verkündet der Talmud eine Wahrheit und erklärt das Gespräch mit Gott und über seine Weisung für beendet. Lehrbildung ist Einladung zur Beteiligung am Lehrgespräch und am Experiment des Glaubenslebens. Haben unsere Gottesdienste diese Offenheit? Vermissen das vielleicht unsere evangelischen mündigen Christen, daß sie in ihrer Mündigkeit ernstgenommen werden?

Einfluß des Autogenen Trainings

Es war Zufall, daß ich dem Autogenen Training begegnete und es für mein Leben nutzbar erkannte und machte. Bei meinen Kindern erlebte ich, wie beruhigend das wiederholend ausgesprochene Wort sein kann. Warum sollte es als solches nicht auch für das Gebet nutzbar ein? Das besondre Interesse galt zuerst dem Eingangsgebet bzw. dem Kollektengebet. Die Konzentration der betenden Gemeinde wird durch die Wiederkehr gleicher Formeln gestärkt. Davon lebt die Liturgie Sonntag für Sonntag, davon lebt das Kyrie. Bei Gottesdiensten auf dem Kirchentag, in Passionsgottesdiensten, in den Osternächten, beim Friedensgebet zur Zeit des Golfkrieges begnügten wir uns nicht mit dem dreifachen Kyrie, sondern der Ruf wurde immer wieder aufgenommen. Natürlich sind wir damit noch weit entfernt von dem immerwährenden Herzensgebet, das gerade diese Formel benutzt. Doch die Verwandtschaft ist aufgezeichnet.
Die Erfahrung aus dem autogenen Training brachte die Kenntnis mit, daß nur positive Wendungen benutzt werden dürfen. Nicht nur weil die freie Wortstellung der Negation das Verstehen schwermacht, ja manchmal in die Irre lockt, sondern weil die negative Wendung das nicht Gewollte bespricht und ins Gedächtnis festschreibt. Durch die Praxis des autogenen Trainings war ich vertraut mit dem Umgang mit Störungen, die vor unserer inneren Wahrnehmung auftauchen. Es gilt sie nicht zu verdammen, wie es wohl eine gesetzliche Frömmigkeit getan haben mag, und damit den Beter in seelische Nöte zu bringen. Innere Störungen weichen, wenn sie bemerkt werden, dann kann ihrem Anliegen – und ein solches haben sie stets, ein anderer zeitlicher Rahmen oder Ort zugewiesen werden und die Konzentration stellt sich wieder ein.

Die Möglichkeiten der Wiederholungen

Bei den Fürbittgebeten traten bei mir nun verstärkt strophische Formen auf, der Refrain fand hier seine Verwendung. Natürlich ist der Refrain keine Mantrameditation, aber der Refrain faßt zusammen und gliedert, und die Worte gewinnen durch die Wiederholung ein weiteres Verstehensfeld, neue Bedeutungen, spezielle Aspekte tun sich auf.
Es ist ein unsinniges Dogma, es dürfe im Gebet keine Wiederholungen geben. Das Stoßgebet wiederholt immer wieder dieselbe Bitte, weil es in der bedrängenden Not gar nichts anderes zu sagen weiß. Doch entspringt die Abwehr einer kunstfeindlichen Stimmung in der Theologie und Kirche. Da ist aus der geistlichen Armut die Forderung nach geistiger Armseligkeit geworden. Die Gebetsformulierung ist eine Aufgabe unserer besten geistlichen Kräfte, dazu gehört die menschliche Kunst auf jeden Fall.

Vom Nutzen der »Gelenkten Phantasien«

Die Erfahrungen mit den gelenkten Phantasien, erfahren und selbst ausprobiert, schenkten eine Achtsamkeit auf die Worte. Die Worte können

Bilder in der Seele projizieren. Ihren archetypischen Symbolwert galt es zu beachten. Nicht, daß unsere Gebete gelenkte Phantasien sein wollten, aber besonders in der Psalmwerkstatt finden sich Elemente gelenkter Phantasien. Das hat seine Konsequenzen im Sprechstil, die Pausen sind oft wichtiger als die Worte. Das hat Konsequenzen in der Körperhaltung. Das Aufstehen zum Gebet muß entfallen, der Sitz auf der Erde wäre wünschenswert, die Gebete würden geerdet werden. Es müßte erlaubt sein, in sich »hineinzukrümmen«.

Der andere Ort, wo sich die Aufnahme archetypischer Symbolmeditation anbietet, sind die Sakramente. Die Elemente: Wasser, Brot und Wein haben Symbolwert, verlangen, verdeutlicht zu werden, wollen begriffen sein. Das Gebet über dem Taufwasser reflektiert nicht nur die Bedeutung des Wassers, sondern ruft Erinnerungen wach und Erfahrungen ab. Kann die Tauferinnerung zu einer gelenkten Phantasie zu Kindheit, Grab und Auferstehung werden? Das Gebet über Brot und Wein, die für uns zu Leib und Blut Christi und zum Gedächtnis an sein Kreuz werden, kann sich auf die Reise des Geistes nach Golgatha machen.

Selbstverständlich gewann auch das Stillgebet aus seiner eigenen Meditationspraxis. Das Stillgebet blieb nicht einfach die Möglichkeit für die Gemeindeglieder »in der Stille mag ein jeder vor Gott ausbreiten, was er auf dem Herzen hat«. Hier ist das Wort Stille eigentlich mißbraucht. Die Einleitung zum Gebet in der Stille aus der Stille lautet wichtiger: »Vor dir werde ich still, ohne eigenes Wünschen und Wollen, werde ich bereit, auf dich zu hören.« Viel wichtiger als den Raum für zusätzliche Bitten zu schaffen, ist die Einübung ins stille Hören. Die Zeit der Stille muß nun wirklich ausgehalten werden und dauert länger als still zwei, drei Fürbitten und Wünsche zu formulieren.

Von den Liturginnen und Liturgen wird eine hohe Sensibilität erwartet, Raum zu geben, in dem wirklich Hören möglich wird, ohne daß die Stille zur seelischen Belastung wird. Ohne eigene Meditations- und Stilleerfahrung wird das nicht gelingen können.

Die Achtsamkeit auf den Körper.

Die Achtsamkeit der Worte blieb nicht allein. Achtsamkeit gilt auch dem Körper, dem Atem, der Haltung. Es sind die gefalteten Hände nicht die einzige und häufig nicht die richtige Gebetshaltung. Sie drücken viel zu wenig unser Empfangen, unsere Offenheit, unsere leeren Hände aus. Mit Freude können wir entdecken, daß uraltes Wissen wieder entdeckt wird. Damit verlieren die traditionellen Gebetshaltungen ihren Charakter als Konfessionskennzeichen, manchmal wirkte das für die Gemeinde verwirrend, eröffnete aber, wenn die Phase der Irritierung geduldig durchschritten war, der Gemeinde und ihrem Gottesdienst großen Reichtum. Stehen, Sitzen und Knien im Gottesdienst verlangen neubedacht zu werden. Es ist

ein Unsinn, beim Singen zu sitzen, beim Zuhören vom Gelesenen zu stehen. Das Stehen beim Verlesen eines Textes zeugt vom Respekt vor dem Text und erinnert eher an das Verlesen des Tagesbefehls vor der vollzählig angetretenen Truppe.
Was uns die technokratische Kirchenreform nicht bringen konnte, dürfen wir von der Reform der Kirche aus dem Geist zu Recht erwarten. Diese Reform ist bereits im Gang und wir sind mitten drin.

Gebet zum Bibelstudium

Bernhard von Issendorff

Manchmal werde ich müde,
nach deiner Wahrheit zu forschen,
Gott der Bibel, Gott in der Geschichte,
zu verwirrend sind die Aussagen,
zu verwischt deine Spuren im Staub der Zeit.

Manchmal bin ich bereit,
die einfachen Lösungen anzunehmen,
Gott der Bibel, Gott in der Geschichte,
dann stehe ich in der Gefahr,
der allzu deutlichen Spur zu folgen.

Drum bete ich heute zu dir,
laß wieder erwachen die Leidenschaft,
Gott der Bibel, Gott in der Geschichte,
genau hinzusehen und zu unterscheiden
deine Verheißung und fremde Verführung.

Drum bete ich heute zu dir,
daß ich mich nicht mit dem Einfachen zufrieden gebe,
Gott der Bibel, Gott in der Geschichte,
daß ich auf das Unscheinbare achte
und die verstellte Wirklichkeit freiräume.

Das Beten thematisieren

Viele Gebetbücher rechtfertigen ihre Existenz mit der Hoffnung, daß die Beispiele zum eigenen Beten anregen möchten. Auch das gottesdienstliche Vor-Beten strebt diesen Schritt vom Mitvollziehen zur eigenen Andacht an. Natürlich kann das Nachdenken und Nachsprechen der Worte anderer eigenes Denken und Fühlen ansprechen, beleben und zur Klarheit bringen. Das eigene spirituelle Leben weitet sich, wenn wir uns mitnehmen lassen durch das Beten derjenigen, die vor uns nach Worten gesucht haben. Darin liegt die Bedeutung der Tradition für unsere Sprachbemühungen. Der Rückbezug auf die Väter und Mütter, auf die Geschwister im Glauben bringt immer wieder zu Bewußtsein, daß das eigene Beten eine Antwort ist, die Folge einer Begegnung, einer Erfahrung, die zunächst durch Menschen ermöglicht wurde. In ihren Gebeten wird unser Blick zurückgewandt auf das Wort, die Anrede Gottes, die allem Beten vorausliegt. Wir werden an der Struktur des Kollektengebetes sehen, wie sich diese Bewegung vom Rückbezug zu erneuerter Hinwendung und Anrufung in der Gestalt dieser Gebetsform abbildet.

Aber da jeder seinen eigenen Weg deuten und seine eigene Sprache finden muß, werden sich unvermeidlich Fremdheitsgefühle einstellen, auch Ärger und Ratlosigkeit. Die Fragen »Wie kann man so etwas, wie kann man so beten?« werden sich oft nicht unterdrücken lassen. Die Identifikation mit dem anderen und die Zusammenstimmung der Erfahrungen hat ihre Grenzen. So führt das Nachbeten und das Mitbeten auch ins Fragen.

Fragen gerade auch über das Beten brauchen ihren Ort im Gottesdienst. Denn liturgische Bildung, die zum aktiven Mittun befähigt, darf nun nicht zum elitären Habitus eines exklusiven Vorbereitungskreises werden, nachdem die Liturgen diesen Status verlassen haben. Die Predigt könnte – nicht nur am Sonntag Rogate – in die Vielfalt des Betens einführen. Dafür steht *die Predigt von Klaus Reblin* als Beispiel.

Beten und leben

Klaus Reblin

Beten ist für mich keine Selbstverständlichkeit. Ich habe – auch als Pfarrer – mit dem Beten meine liebe Not. Kurt Marti hat einmal ein Gebet aufgeschrieben, das ich praktisch unverändert nachsprechen könnte:
»Beten gehört zu meinem Beruf. Ich habe von Amts wegen zu beten. Auch dann, wenn ich innerlich leer bin und stumm. Mitunter mag der Zwang auch heilsam sein. Plötzlich bin ich selber da in der Mechanik der Worte. Vielleicht auch Du. Dennoch: Das Beten von Amts wegen kann den Charakter verderben. Ohne es zu merken, werde ich unaufrichtig. Ich denke: Die Leute wünschen es so, ich helfe ihnen damit. Das mag manchmal sogar stimmen. Doch wer warnt mich, wenn ich beginne, mich selbst zu betrügen? Müßte ich nicht einmal zugeben können: Heute kann ich nicht beten? Wenn ja, dann gib mir die heitere Unbefangenheit, die es braucht. Ich habe sie nicht ... Nicht betend wäre ich der Gemeinde vielleicht näher als durch das schönste Gebet. Und vielleicht wärest auch Du uns dann näher. Aber es müßte sorglos, heiter und frei geschehen. Wer weiß ...«
In diesem Gebet finde ich mich wieder, Satz für Satz. Ich weiß auch, was es bedeutet, innerlich leer und stumm zu sein, beten zu müssen und eigentlich nicht zu können. Ich kenne auch die Angst vor Selbstbetrug und Falschmünzerei und schließlich das Bedürfnis, einmal nein zu sagen. Mag sein, daß meine Probleme mit dem Beten andere sind als die des Laien. Aber Not macht mir das Beten auch, nicht immer zwar, aber häufig. Ich habe auch oft Angst, daß der Himmel leer ist. Ich finde auch oft nicht die richtigen Worte. Ich schlafe auch oft über dem Beten ein, weil ich nicht mehr kann. Ich vergesse auch oft zu beten. Und manchmal frage ich mich auch, ob es überhaupt einen Sinn hat.
Freilich, als Pfarrer habe ich es besser als der Laie. Denn ich muß oft beten, ob ich will oder nicht. Von Amts wegen. Ich muß die Form wahren. Und das ist immerhin eine Chance. Denn manchmal passiert es dabei, daß ich wirklich »drin« bin in der Form, »in der Mechanik der Worte«. Daß die Form sich füllt, mit meinem Leben, mit mir selbst. Und daß Gott dann dazukommt, so daß es ein Zwiegespräch gibt.
Anderen Menschen geht es anders. Ich weiß von vielen, die den Brauch des regelmäßigen Betens, wie die Väter ihn übten, ganz aufgegeben haben, fast nebenbei, ohne eine besondere Entscheidung, aber auch ohne sich besondere Skrupel zu machen. Ihr Gebet schlief einfach ein. Plötzlich war der Punkt erreicht, wo sie aufhörten, mit Gott zu reden. Wenn das Gebet eines Menschen einschläft, kann es viele Gründe dafür geben: Vielleicht war das

Gebet mit dem Beter nicht mitgewachsen. Vielleicht blieb er bei seinen Kindergebeten stehen, und diese wurden dann so überanstrengt von der Größe der Lebensfragen, daß sie am Leben zerbrachen. Oder einer hat die enttäuschende Erfahrung gemacht, daß das Wunder, um das er bat, nicht geschah. Daß das Kind doch nicht gesund wurde. Daß der berufliche Erfolg doch ausblieb.

Ist das Gebet in eine Krise geraten? Auf den ersten Blick scheint es so. Aber ich bin nicht sicher. Vielleicht hat sich das Beten nur verändert. Ich bete sicher nicht mehr so intensiv, so konkret und auch so oft wie in meiner Kindheit. Aber ich habe darum nicht aufgehört zu beten. Ich mache mir viele Gedanken über mich selbst und meine Welt, eigentlich von Jahr zu Jahr mehr: Darüber, wer ich bin. Und warum Menschen so oder so auf mich wirken. Und wie ich auf andere wirke. Und was ich falsch mache und was gut. Und was ich besser machen könnte.

Ich denke viel über mich nach. In der U-Bahn, oder wenn ich nicht einschlafen kann, oder wenn ich morgens lange vor der Zeit aufwache, wenn draußen noch alles still ist. Und ich glaube, daß es anderen Menschen auch so geht. Daß sie ihren Weg kontinuierlich überdenken, daß sie Bilanzen und Zwischenbilanzen ziehen und sich fragen, ob sie nicht einmal das Ruder herumwerfen müßten. Ich kann es mir nicht vorstellen, daß einer völlig gedankenlos in den Tag und in die Nacht hineinlebt, ohne Zweifel an sich selbst, aber auch ohne dankbares Aufatmen, ohne Schuldgefühl, aber auch ohne innere Rebellion, ohne Jubel, aber auch ohne Stöhnen. Zweifel und Dank, Schuldgefühl und Auflehnung, Jubel und Stöhnen machen das Leben doch überhaupt erst menschlich, geben dem Leben erst seine Tiefe.

Beten ist aber nichts anderes als daß das Leben Tiefe gewinnt, daß es in das Licht der Wahrheit tritt. Daß einer im Laufen ab und zu innehält, zurücksieht und überlegt, wohin es weitergehen soll, ob er vielleicht falsch gelaufen ist und umkehren muß. Beten heißt, die eigene Biographie überdenken, so wie der Kirchenvater Augustin es in seinen »Konfessionen« getan hat. In ihnen kommt sein ganzes Leben im Detail vor, von seinen Liebschaften und seinen Trieben, seiner Theaterleidenschaft und seinem Verhältnis zur Mutter über den Tod seines Freundes, seine Philosophie, seine Skepsis und seine Reisen bis hin zu seinen religiösen Erfahrungen. Biographie als Gebet – Gebet als Biographie.

Dieses biographische Gebet erwartet Gott von uns. Nicht, damit er weiß, wer wir sind, wo wir uns befinden und wohin wir gehen. Das weiß er, ehe wir es ihm sagen. Im Gebet geht es nicht darum, Gott etwas zu übermitteln, damit er antworte, sondern ihm zu antworten, nachdem er zuvor gefragt hat: »Adam, wo bist du?« Und: »Wo ist dein Bruder Abel?« Wir sollen antworten, damit wir über uns selbst Klarheit gewinnen. Martin Luther hat diesen Sachverhalt einmal in einer Predigt folgendermaßen formuliert: »Wenn du fragst: warum läßt Gott uns denn beten und unsere Not vortragen, er weiß und sieht doch alle Not besser als wir selbst? – so lautet die

Antwort: er fordert es nicht, daß wir ihn mit unserem Beten lehren sollten, was er geben soll, sondern darum, daß wir es erkennen und bekennen, was er uns gibt und noch mehr geben kann und will. Also unterrichten wir durch unser Gebet mehr uns selbst als ihn.«

In welcher Sprache geschieht das so verstandene Gebet? In allen Hochreligionen bedient man sich beim Gebet einer besonderen, von der Umgangssprache abgelösten Weise zu reden. In der Bibel ist das anders. Claus Westermann hat darauf hingewiesen, daß es im Alten Testament lange Zeit nicht einmal einen Begriff für das gab, was wir »Beten« nennen. Sondern wenn sich dort einer selbst zur Sprache bringe vor Gott, dann tue er das so, wie er sich auch sonst ausspräche, das heißt: Er ruft oder klagt oder fleht oder weint oder jubelt oder lobt oder flucht. Der Beter bedient sich also eben der Ausdrucksmittel, die man auch sonst benutzt, um sich selbst zu formulieren. Beten ist für den Menschen des Alten, aber auch des Neuen Testaments kein besonderer Akt außerhalb des normalen Lebens, sondern ein ganz selbstverständlicher Teil desselben. Wenn einer nur einen »Gedanken von einiger Wichtigkeit« (Schleiermacher) äußert, dann ist das ein Gebet.

Wenn es also stimmt, daß Beten sich dort ereignet, wo Menschen sich in ihren Ausdrucksmitteln zur Sprache bringen, wo sie weinend oder lachend Lebensbilanz ziehen, wo sie Antwort geben auf das, was ihnen widerfährt in Glück und Unglück, Erfolg und Ruin, dann kann das Gebet sich nicht in einer Krise befinden. Eine solche Behauptung wäre dann gleichbedeutend mit der anderen, daß keine Menschen mehr auf dieser Erde lebten. Solange Menschen sind, werden sie beten – aufatmend oder erschreckend, aufschreiend oder aufbegehrend.

Aber habe ich jetzt nicht das Wesentliche unterschlagen, daß nämlich Beten ein Geschehen im Angesicht Gottes ist? Daß, wer betet, Gott anreden muß? Ist, was ich bislang beschrieb, nicht eher Meditation, während Gebet ein direkter Dialog mit Gott ist? Die Antwort auf diese Frage ist schwierig. Im Alten Testament gibt es Klagen, in denen die Hinwendung zu Gott nicht ausdrücklich ausgesprochen wird, und es gibt nicht nur einzelne Psalmen, sondern ganze Psalmgattungen, die nicht Gebete sind im strengen Sinn der Anrede an Gott. Für das Alte Testament ereignet sich Gebet eben nicht nur in der Anrufung Gottes, sondern auch im Nachdenken, in der Reflexion des Menschen über sich selbst und seine Welt.

Und dann bedenke man, wie oft in den Psalmen von Gott in der dritten Person als von einem »Er« geredet wird, und wenige Zeilen weiter ist Gott ein direkt angeredetes »Du«: »Er weidet mich auf einer grünen Aue und führet mich zum frischen Wasser ... Und ob ich schon wanderte im finstern Tal, fürchte ich kein Unglück, denn Du bist bei mir, Dein Stecken und Stab trösten mich.« Ist der erste Teil dieses dreiundzwangzisten Psalms etwa kein Gebet? Ich meine, dort werde auch gebetet, nur eben in anderer Gestalt. Am Anfang dieses Psalms bedeutet Beten soviel wie aufmerksam hören

und registrieren, was »Er« tut – während im zweiten Teil Beten mehr ein Beschwören der Gegenwart Gottes ist: »Du bist bei mir.«
Und wie oft schließt sich an das hörende und bittend-beschwörende Gebet noch ein drittes an, wenn einer zum Beispiel anfängt, seiner eigenen Seele gut zuzureden: »Lobe den Herrn, meine Seele, und vergiß nicht, was er dir Gutes getan hat.« So also hält es die Bibel mit der Anrede Gottes: Einmal reden die Beter *mit* ihm, ein anderes Mal *von* ihm, und ein drittes Mal reden sie zu sich selbst.
Was verbirgt sich hinter dieser Vielfalt? Zunächst die Gewißheit, daß Gott uns hört, ob wir ihn anreden oder nicht. Daß er jedes Gebet annimmt, ob es nun von ihm oder zu ihm redet. Ihm ist die Kommunikation als solche wichtig, weniger ihre Form. Die Menschen im Alten wie im Neuen Testament gehen immer davon aus, daß Gott gar nicht herbeigerufen werden muß, weil er immer schon gegenwärtig ist. Hier liegt der eigentliche Grund für die großartige Freiheit, in der sich Beten in der Bibel vollzieht. »Angesichts der Nähe Gottes«, sagt Dorothee Sölle, »erübrigt es sich, Macht über Gott auszuüben«, ihn im Gebet herbeizuzwingen.
Wir haben uns angewöhnt, es als Zeichen des Unglaubens oder doch wenigstens eines schwindenden Glaubens zu werten, wenn einer nicht mehr zu Gott ruft. Es könnte aber auch das genaue Gegenteil der Fall sein: daß einer nicht mehr nach Gott ruft, weil er schon in seiner Gegenwart lebt. Nur so erkläre ich es mir, daß die Jünger Jesus besonders darum bitten mußten, sie das Beten zu lehren, und daß Paulus sogar einmal sagt, Christen wüßten nicht, was und wie sie beten sollen (Römer 8, 26). Solche Aussagen sind verständlich, wenn Menschen so im Glauben verwurzelt sind wie Paulus oder die Jünger und wenn sie damit rechnen, daß Gott hautnah bei ihnen ist. Dann wird das Beten tatsächlich zum Problem. Augustin hat das übrigens auch empfunden. Er sagt, es sei eigentlich eine wunderliche Sache, »zu jemandem zu sprechen, mit dem man nicht sprechen kann, weil er nicht ›jemand‹ ist; ›Du‹ zu sagen zu jemandem, der dem Ich näher ist als das Ich sich selbst«. Vielleicht ist eine solche Aussage eine Hilfe für alle, denen es Not macht, im traditionellen Sinn nicht mehr beten zu können und bei eigenen neuen Versuchen nur Mißerfolge zu haben. Denen würde ich sagen: Beten als Anrufung Gottes ist ein möglicher, hilfreicher Gestus. Aber heilsnotwendig ist es nicht, weil Gott auch ohne unser Zutun bereits unter uns ist. Luther sagt: »Gottes Reich kommt auch ohne unser Gebet.« Ich halte eine solche Aussage für eine ungeheure Befreiung in einer Zeit, die sich schwer tut mit dem Beten.
Wie wirkt es sich aus, wenn wir unser Leben, uns selbst vor Gott zur Sprache bringen? Erhört Gott Gebete? Ja, Gott erhört sie, indem er den Beter selbst verwandelt. Im Gebet geht es nicht zuerst um einen Sinneswandel Gottes, daß er etwas tue, was er nicht tun wollte, sondern um unseren Sinneswandel, daß unser Sinn mit Gottes Sinn synchronisiert werde, so wie es bei Jesus im Garten Gethsemane geschah. In das Gebet in Gethsemane ging

Jesus hinein mit dem Wunsch, den Leidensweg abgenommen zu bekommen. Heraus kommt er als einer, der sich widerstandslos gefangennehmen und töten läßt.
Dieselbe Bewegung zeigt sich auch in einer Reihe von Psalmen. Der dreiundsiebzigste Psalm beginnt mit dem Ausdruck einer großen Verunsicherung durch die Tatsache, daß die Gottlosen herrlich und in Freuden leben, obwohl sie die Gläubigen tyrannisieren. Er schließt aber mit einer umfassenden Sinnvergewisserung: »Das ist meine Freude, daß ich mich zu Gott halte und meine Zuversicht setze auf den Herrn.« Ähnlich ist es im zweiundzwangzigsten Psalm. Er beginnt mit bitterer Klage und endet in einem Lob. Im einhundertneununddreißigsten Psalm äußert der Beter anfangs seinen Wunsch, vor Gott zu fliehen, während er sich am Ende Gott geradezu anbietet: »Erforsche mich und prüfe mein Herz, prüfe und erforsche, wie ich es meine. Sieh, ob ich auf bösem Wege bin, und leite mich auf ewigem Wege.«
Es gibt aber auch ein modernes Gebet als Beispiel für den hier gemeinten Sachverhalt, in dem gleich mehrere Stufen der Veränderung des Beters sichtbar werden. Ein anonym Leidender aus dem Konzentrationslager Buchenwald hat seinen Weg von der Bitte über Zweifel und Fluch hin zum Glauben und zum Schweigen so beschrieben: »Du bist mein Gott – darum muß ich richten und darum zweifeln, spotten und dich kränken – und darum an dich glauben und verstummen.«
Das also ist die entscheidende Wirkung des Gebets: Wer betet, bleibt nicht, wer und wie er ist. Er bleibt auch nicht, wo er ist, sondern macht sich auf den Weg und versucht, Gott auf die Spur zu kommen und mit ihm Schritt zu halten.
Dieser Gedanke ist noch in einer bestimmten Richtung weiterzuführen. Die Veränderung, die das Gebet an einem Menschen bewirkt, bleibt nämlich nicht nur innerlich, sie äußert sich auch im Tun. Früher hat man oft gedacht, das Gebet sei die Fortsetzung des Tuns. Wo man nichts mehr tun konnte, da, so meinte man, käme das Beten zu seinem Recht. So vermag ich nicht mehr zu denken, jedenfalls nicht ausschließlich so. Sicher sollen wir auch beten, wo wir mit unserem Latein am Ende sind. Wo einem Menschen nicht mehr zu helfen ist und wo er auch sich selbst nicht mehr helfen kann, da behält das Gebet sein unveräußerliches Recht. Da hält es, wie Fulbert Steffensky sagt, »den Hunger nach dem Reich Gottes wach, macht den Beter menschlich in seiner Unabgefundenheit und läßt ihn am Sinn der Welt nicht verzweifeln«. Aber es gibt noch ein anderes Verhältnis zwischen Beten und Tun: Beten als Aktivierung des Tuns, Beten als Motivation, Verantwortung für die Welt, die Menschen und die Dinge zu übernehmen. Es gibt ein Beispiel dafür, daß das Gebet Möglichkeiten zu neuer Verantwortung offenlegen kann, die bis dahin nicht sichtbar waren:
Bertolt Brecht erzählt in seinem Stück von der »Mutter Courage« und ihrer stummen Tochter Kattrin von einer Gruppe von Bauern, die von Soldaten

gezwungen werden, sie in eine arglos schlafende Stadt zu führen, damit sie diese plündern können. Unter Druck erklären sich die Bauern bereit. In ihrer Angst setzen sie sich mit ihren Familien zusammen, um zu beten und betend ihre Ohnmacht zu artikulieren. Mehr bleibt ihnen nicht. Nur das stumme Mädchen Kattrin tut etwas. Als die andern mit ihrem Gebet fast zu Ende sind, schleicht sie davon, besorgt sich eine Trommel, steigt auf das Dach und beginnt, wie besessen die Trommel zu schlagen. Kattrin wird zwar von den Soldaten niedergeschossen – aber die schlafende Stadt ist geweckt und damit gerettet.

Für Brecht war es gewiß eine scharfe Alternative: entweder beten oder – und das ist nach seiner Meinung besser – trommeln. Aber ist das eine Alternative? Möglicherweise hat gerade das Gebet Kattrins Augen geöffnet und ihr gezeigt, daß sie noch etwas anderes tun kann: trommeln. Möglicherweise hängen Beten und Trommeln also zusammen, so daß eines das andere hervorlockt und unterstützt. Möglicherweise werden die Hände des Trommelns müde, wenn der Mund nicht mehr betet.

Es is also nicht eine »Schmach zu beten«, wie Nietzsche meinte, kein Zeichen von Schwäche. Im Gegenteil: Wer betet, der ist klug. Wer betet, sieht neue Möglichkeiten und verändert die Situation, und zwar nicht nur subjektiv, sondern auch objektiv. Beten hat sinnvolles Handeln zur Folge.

Was ist wichtiger: das Gebet oder das Handeln des Menschen? Ich muß gestehen, daß ich diese Frage nicht zu entscheiden wage. Ich weiß nur, daß man bei beidem Fehler machen und mit beidem die Weichen für eine gute Zukunft stellen kann. Dazu abschließend eine kleine, heitere Geschichte, die ich bei Martin Buber fand:

»Von Perle, der Frau des Rabbi Levi Jizchak von Berditschew, ist ein Gebet überliefert. Wenn sie die Sabbathbrote knetete und buk, pflegte sie zu beten: ›Herr der Welt, ich bitte dich, hilf mir, daß mein Levi Jizchak, wenn er am Sabbath über diese Brote den Segen spricht, dasselbe im Sinn habe wie ich in dieser Stunde, da ich sie knete und backe.‹«

Konfirmanden beten – nicht?

Kurt Dohm

Jugendliche wachsen weitgehend heran, ohne das Beten geübt oder auch nur erlernt zu haben. Die Zeit des Kindergebetes, gemeinsam mit Vater oder Mutter in den ruhigen Stunden des Tages gesprochen, liegt lange zurück.

Vorsichtige Nachfragen im Kindergarten zeigen, daß nur wenige Kinder überhaupt noch mit dem Gebet vertraut gemacht werden. Tischgebete kommen in fast allen Familien nicht mehr vor, bedingt gewiß durch einen Tagesablauf, der die Familie nicht mehr gemeinsam essen läßt, bedingt aber auch durch den Verlust religiöser Dimensionen im Leben. Schulgebete sind – glücklicherweise muß man bei dieser Form des Zwangsgebetes sagen – längst abgeschafft, und auch im Konfirmandenunterricht wird nicht gebetet. Allenfalls im Kindergottesdienst oder auf Freizeiten haben Jugendliche das Beten noch kennengelernt. Es ist ihnen fremd geworden wie auch andere Formen des Glaubens. Im Gottesdienst der Gemeinde wird gebetet. Aber auch da beten Jugendliche nicht selbst, ihnen wird vorgebetet. Als Konfirmanden nehmen sie daran teil, müssen sie teilnehmen, obwohl ihnen auch hier vieles fremd und kaum verständlich erscheint. So gehört das Gebet für sie zu den fossilen Formen einer vergehenden Religiosität. Es stellt für sie zunächst keine sinnvoll erscheinende Kommunikationsweise mehr dar.

Sicher: einzelne beten noch, bei besonderen Gelegenheiten, oder sogar regelmäßig vor dem Schlafengehen. Aber sie sprechen darüber nicht, zumindest nicht vor Gleichaltrigen. Eine Befragung im Konfirmandenunterricht nach der Praxis des Gebetes ist darum wenig ergiebig. Mit offenen Antworten ist nur selten zu rechnen. Denn da ist einerseits die Erwartung des Pfarrers, die man erfüllen oder der man widersprechen möchte. Da sind andererseits die Mitkonfirmanden, vor denen man sich nicht bloßstellen will.

Das Gebet ist Gegenstand des Konfirmandenunterrichtes. Es gibt viele Möglichkeiten zur Behandlung im Unterricht. Das soll hier nicht weiter erörtert werden. Die beste Methode ist gewiß jene, die zum Beten selbst hinführt, die den Jugendlichen Form und Inhalte für das eigene Beten anbieten kann. Die meisten Unterrichtsentwürfe zum Gebet sprechen viel zu sehr den Kopf an, sind zu distanziert. Sie behandeln das Thema, wie man eben ein Thema behandelt. Aber die Situation des gewöhnlichen Unterrichts läßt oft auch kaum Alternativen zu.

Ich wollte wissen, wie Konfirmanden beten, wenn sie denn beten. Um sie nicht vorweg zu beeinflussen, habe ich nur eine kurze Einführung in das Thema sowie ein paar formale Hinweise gegeben. Ich habe sie dann aufgefordert, ein eigenes Gebet zu formulieren. Es sollte möglichst persönlich gefaßt sein. Dabei wurde die Zusage gemacht, daß die Inhalte nicht im Unterricht vor den anderen besprochen werden. Natürlich mußte ich damit rechnen, daß die oben genannten Einschränkungen bei einer Befragung auch hier noch wirken. Dennoch scheint mir das Ergebnis aussagekräftig zu sein.

Die Antworten lassen sich in verschiedenen Gruppen zusammenfassen.

Die erste Gruppe läßt erkennen, daß sie mit dem Gebet überhaupt nichts anfangen kann. Die Blätter waren fast leer abgegeben oder mit nichtssagenden und unzusammenhängenden Sätzen gefüllt worden. Die Konfirmanden waren im wahrsten Sinne des Wortes sprachlos. Und dies war nicht etwa auf mangelnde intellektuelle Fähigkeiten zurückzuführen. Diese Gruppe ist aber nicht sehr groß gewesen.

Die zweite, größere Gruppe weiß mehr zu sagen, bleibt aber überwiegend im Vordergründigen, läßt keine Tiefen erkennen:

»Danke, daß du mir geholfen hast.« – »Bitte, mach, daß ich eine gute Englischarbeit schreibe.« – »Bitte, laß uns (das Fußballspiel) gewinnen.« – »Wir ziehen nach O. um. Bitte, mach, daß ich in O. schnell Freunde finde.«

Dank und Bitte sind einfach und knapp formuliert, bleiben entweder allgemein oder beziehen sich auf gute Zensuren in der Schule oder Sportereignisse. Es entsteht der Eindruck, daß diese Jugendlichen kaum oder keine Erfahrungen im Gebet haben.

Dagegen läßt die dritte Gruppe erkennen, daß eine gewisse Gebetserfahrung vorliegt. Zumindest können diese Jugendlichen sich in die Situation des Gebetes hineindenken und -fühlen. Die Gebete beziehen sich auf persönliche Lebenssituationen und konkrete Anliegen:

»Lieber Gott, wie du sicher weißt, ist mein Opa im Krankenhaus, und du sollst ihn wieder gesund machen.« – »Lieber Gott im Himmel! Ich möcht dir dafür danken, daß meine Oma gesund aus dem Krankenhaus entlassen worden ist. Bitte laß auch alle in meiner Familie gesund und munter bleiben.« – »Lieber Gott! Als erstes möchte ich dir danken, daß ich es so gut hier habe und daß ich so viele Freunde habe ... Ich bete für meine Oma, daß sie noch lange am Leben bleibt, und daß meine Mutter wieder gesund wird.«

In dieser Gruppe werden auch fast immer Bitten für den Frieden in der Welt und gegen den Hunger angefügt:

»Ich bitte dich um Frieden in der Welt. Vor allem für die Kinder in Bosnien und Somalia.« – »Herr, ich hoffe, daß du den Leuten, die im Krieg verletzt worden sind, hilfst. Herr, ich finde es grausam, wie die Leute im Krieg alles zerstören und die Frauen und Kinder umbringen. Ich bitte, daß der Krieg für die Menschen zuende ist.«

Ein Gebet, das verschiedene Elemente enthält und das wegen seiner Originalität in der Sprache aufgefallen ist, hat dieser Konfirmand geschrieben:

»Lieber Gott, ich habe ein Problem. Ich bin hier in die Kirche gekommen, weil man hier mit dir ungestört reden kann. Ich möchte dir erst einmal danken, daß du mir aus meinem letzten Gebet herausgeholfen hast (?). Das fand ich super. Aber ich muß dich schon wieder um etwas bitten. Wir schreiben heute eine Englischarbeit, und ich habe nicht dafür geübt. Ich bitte dich, mir zu helfen. Ich bitte auch für meinen Freund, daß er aus dem Koma aufwacht. Ich muß immer an ihn denken. Deshalb kann ich mich nicht konzentrieren. Vielleicht kannst du ihm ja helfen. Bis zum nächsten Mal.«

In der vierten Gruppe kann man eine gewisse religiöse Sozialisation aus der Form und dem Inhalt der Gebete herauslesen. Diese Jugendlichen sind

es von zuhause her oder aus den Kinder- und Jugendgruppen der Gemeinde gewohnt, mit Gebeten umzugehen. Zwei Beispiele, darunter das einzige Tischgebet:
»Lieber Gott, ich möchte dich um einige Dinge bitten und beten, denn ich glaube an dich. Ich danke dir für diesen schönen Tag, daß ich gut zu essen hatte und daß ich ihn ohne Krankheit erlebt habe. Ich bitte dich für mich, daß ich nie drogensüchtig oder alkoholabhängig werde. Ich hoffe, daß der Krieg auf der Erde ein Ende findet, daß sich alle Menschen vertragen. Darum bitte ich dich. Amen.« – »Jesus, wir sitzen hier, um dir zu danken. Wir danken dir für dieses Essen, das du uns geschenkt hast, und für alle Speisen, die du uns bereitest. Bitte, sorge auch dafür, daß wir auch morgen noch zu essen haben. Laß auch die anderen, die hungrig sind, nicht hungern, laß sie satt werden. Amen.«
Die Gebete der Konfirmanden haben einige gemeinsame Kennzeichen. Vor allem weisen sie eine einfache Struktur auf: kurze Sätze, unverschnörkelte Sprache, direkte Anrede, klare Sachverhalte, präzise Anliegen: »Lieber Gott! Danke, daß ...; bitte, mach ...; hilf, daß ...«. Was völlig fehlt, sind ins Gebet hineinführende Gedanken, sind meditative Sprachformen, sind lobpreisende Hinwendungen zu Gott. Auch persönliche Gefühle kommen nur wenig vor. Ebensowenig kritische Gedankengänge. Nur für wenige ist das Gebet so etwas wie ein Zwiegespräch mit Gott.
Inhaltlich herrscht die eigene Welt mit ihren unmittelbaren Anforderungen und Nöten vor. Es sind Themen wie Schule, Sport, Familie, Freunde, die in den Gebeten angesprochen werden. Dabei spielen Zensuren, Sorge vor Klassenarbeiten, Sorge um kranke Familienmitglieder oder Freunde eine Rolle. Dazu kommen noch Anliegen wie Gebete für den Frieden oder ein Ende des Hungers in der Welt. Die Lebenswelt in den Gebeten der Konfirmanden ist begrenzt, überschaubar und unmittelbar.
Welche Folgerungen lassen sich aus den Beobachtungen ziehen? Vielen Konfirmanden ist die Welt des Gebetes verschlossen. Sie finden keine Worte dafür. Sie beten – nicht. Andere, auch wenn sie selber nur wenig oder selten beten, haben doch Zugang dazu. Sie wissen zumindest Gedanken wie Dank und Bitte zu formulieren. Sie haben das sprachliche Instrumentarium dazu. Sie können sich seelisch für die religiöse Erfahrung des Gebets öffnen. Sie beten – nicht (wahr)?
Es ist fraglich, ob sich im üblichen wöchentlichen Konfirmandenunterricht etwas an der Sprachschwierigkeit der Jugendlichen im Hinblick auf das Gebet ändern läßt. Da kann man über das Gebet sprechen und mit Formen und Inhalten wohl vertraut machen. Beten lernen kann man da wohl weniger. Gemeinsame Freizeiten bieten dafür eher und besser Gelegenheit. Das Tischgebet (auch in Liedform) kann selbstverständlicher Lebensausdruck einer christlichen Gemeinschaft sein. Gemeinsames Morgen- oder Abendgebet kann den Sinn für meditative Gebetsformen wecken und einüben. Eigene Erfahrungen haben gezeigt, daß nicht wenige Konfirmanden

diese Möglichkeiten gern annehmen, wenn der entsprechende Rahmen (Stille, Kerzen, Sitzkreis, passende Musik, gute textliche Vorgaben) angeboten wird. Die Gebete werden dann auch persönlicher. Die Beschäftigung mit konkreten Problemen in der eigenen Lebensumwelt kann die Fähigkeit, Fürbitten zu formulieren und nachzuvollziehen, erweitern. Konfirmanden können das Beten durchaus lernen.

Da Konfirmanden in den meisten Gemeinden verpflichtet sind, den Gottesdienst zu besuchen, sollten die Gebete in diesen Gottesdiensten auch so formuliert werden, daß die Konfirmanden darin vorkommen. Themen wie Schule, Freundschaft, Familie, Liebe sollten immer wieder angesprochen werden. Die Gebete sollten einfache Sachverhalte darstellen. Sie sollten vor allem nicht zu lang und nicht formelhaft sein. Konfirmanden verstehen die Sprache der Gebete ja oft nicht. Altertümliche Ausdrucksweisen, nichtssagende Formeln, Konjunktive, Wiederholungen, lange Sätze sind zu vermeiden.

Man braucht nur einen willkürlichen Blick in die Agende zu tun, um zu sehen, wie Konfirmanden nicht beten:

»Wir bitten Gott: daß er unsere Bereitschaft mehre, die uns gestellten Aufgaben zu erfüllen; daß er uns helfe, den Wohlstand zu teilen und den Hunger nach Gerechtigkeit und Liebe zu stillen; daß er uns lehre, zu verzichten und uns einzuschränken, damit andere leben können« (Erneuerte Agende, Vorentwurf, Hannover 1990, S. 553).

Das ist gestelzte Kunstsprache. Warum nicht für die Konfirmanden so formulieren:

»Lieber Gott! Hilf uns zu tun, was nötig ist. Laß uns gerecht mit anderen teilen. Viele Dinge brauchen wir gar nicht. Mach, daß wir auch einmal verzichten können. Dann muß niemand hungern.«

Oder statt:

»Gott des Friedens und der Liebe, mach aller Feindschaft und allem bösen Streit bei uns ein Ende und gib, daß wir mit jedermann im Frieden leben, in der Nachfolge deines Sohnes Jesus Christus, unseres Herrn, der mit dir und dem Heiligen Geist lebt und regiert von Ewigkeit zu Ewigkeit. Amen.« (Erneuerte Agende, S. 305)

Für Konfirmanden:

»Gott, ich glaube, daß du alle Menschen lieb hast. Hilf uns, daß wir zusammen in Frieden leben können. So wie auch Jesus das gewollt hat. Amen.«

Das Muster ließe sich an fast jedem Gebet der Agende deutlich machen. Wenn konfirmandengerechter gebetet würde, dann bräuchte sich die Gemeinde auch nicht darüber zu beklagen, daß Konfirmanden während der Gebete durch Reden, Füßescharren und dgl. stören.

Sehr sinnvoll ist es, wenn Konfirmanden im Gottesdienst selber Teile von Gebeten formulieren und sprechen. Im Übrigen sprechen sie durchaus gern gemeinsam gesprochene Gebete mit, wie das Vaterunser oder Gebetsteile wie »Herr, erhöre uns«.

Fazit: Es ist wahr, daß Konfirmanden das Beten kaum noch gelernt haben und daß ihnen viele Formen unserer Gebete fremd geworden sind. Aber sie sind auch fähig und vielfach bereit, es zu lernen, wenn wir ihnen Sprache und Formen anbieten, die ihnen vertraut sind und in denen sie sich selbst wiedererkennen können. Das Gebet ist die Schule des Glaubens. Darum ist es wichtig, daß die Konfirmanden das Beten lernen – nicht?

Wie ich Gebete zu formulieren versuche

Frank Niemann

So nicht:
»Allmächtiger, barmherziger, großzügiger Gott, der Du bei Gebetsformulierungen, die einen Satz, der sehr wichtig ist, mit dem nächsten, der unbedingt eine steile theologische – d.h. unverständliche – Formulierung enthalten muß, so verknüpfen, daß es sehr weihe- und gehaltvoll klingt, vermutlich die Hände über dem Kopf zusammenschlägst, zerschneide die Absicherungsversuche in unseren Köpfen, damit klare Sätze herauskommen, die viele verstehen, mittragen und -beten können.«
Scheinbar mußte liturgische Sprache lange Jahre hindurch kompliziert und abgehoben klingen. Wenn sich auch einiges geändert hat, ähnliche Wortungetüme sind noch anzutreffen. Andererseits – vermutlich in einer Gegenbewegung entstanden – lese und höre ich Gebete, die sehr meditativ angelegt sind oder sprachlich ausgefeilt, fast kunstvoll, bei denen ich ebenfalls nicht mitbeten kann, weil mir nicht deutlich wird, wohin sich dieses Gebet richtet oder ob es nur um sich selbst kreist.
Was mir wichtig geworden ist:

1. Jedes Gebet ist nur ein Ausschnitt.
   Es muß nicht alles auf einmal gesagt werden. Andere beten ebenfalls. An der Sprache der Psalmen habe ich gelernt und an der Sprache der Menschen, mit denen ich zusammenkomme.
   Kurze Sätze sind wichtig, die einfache Formulierung. Verben tragen, machen lebendig, anschaulich. Theologisch Richtiges und Wichtiges muß elementarisiert werden.

2. Stille und Zeit während der Vorbereitung empfinde ich als Geschenk.
3. Themen und Texte des vorzubereitenden Gottesdienstes mache ich mir rechtzeitig klar. Sie sind der fruchtbare Boden, auf dem und aus dem ein Gebet wachsen kann.
4. Im Gottesdienst bete ich nicht allein oder für mich allein. Da sind Frauen, Männer, Jugendliche, manchmal sind Angehörige von Verstorbenen dabei oder ein Paar, dessen Trauung aufgeboten wird.
   Ich versuche, diese unterschiedlichen Menschen im Blick zu behalten, wenn ich allein Gebete formuliere. Es hilft mir, gemeinsam mit anderen (im KU, in den Kreisen, im Vorbereitungsteam für einen bestimmten Gottesdienst) Gebete zu suchen, Worte zu finden, aus denen ein Gebet entsteht.
5. Bei den vielen Wörtern während eines Gottesdienstes kann das Element der Stille nicht hochgenug eingeschätzt werden. Stille hilft zur Konzentration, läßt denen, die im Gottesdienst oft genug zum Hören verurteilt sind, Raum für eigene Gedanken und Gebete.
6. Spontane Elemente machen nicht nur einen Gottesdienst, sondern auch Gebete lebendiger. Manchmal lasse ich mir bewußt freien Raum in einem Gebet, der sich während eines Gottesdienstes füllt – oder auch nicht.
7. Wer Woche für Woche Gottesdienste vorzubereiten hat, muß auch in den Gebeten nicht immer originell sein. Andere haben schon vorgearbeitet, daran kann ich anschließen und weiterarbeiten, damit es auch »ein Stück von mir« wird.
8. Nicht *ganz* ernst gemeint: Wenn ich mitbete, möchte ich gern mit »Amen« schließen und nicht mit »Wie bitte?«.

Zur Sprache des Gebets

Bernhard von Issendorff

Vom weiblichen und männlichen Geist

Das ursprünglich weibliche Wort Ruach (Geist) zeigt an, daß die religiöse Welt der hebräischen Bibel Gott nicht nur männlich gedacht hat, sondern das Geschlecht der Gottheit transzendiert unsere menschlichen Geschlechterrollen und Geschlechtsfixiertheiten, bewahrt darin das zweite Gebot des

Dekalog. Wäre dies eine einmalige Beobachtung, so könnte man es als eine sprachliche Erinnerung an jene Zeit halten, in der Jahwe neben sich eine weibliche Gottheit – eben jene Ruach – als Gemahlin gehabt hat. Doch auch der Plural Elohim ist feminin. Dieses Pluralwort freilich ist stets mit einem singularen Verb gebraucht. Das Bewußtsein einer ursprünglichen Vielheit war verloren, sowie auch Ruach später maskulin verwendet werden konnte, das Wissen um die Weiblichkeit Gottes wurde verdrängt.
Als Ruach ins Griechische übersetzt wurde, wurde aus dem Femininum ein Neutrum, das Pneuma. Der Geist wurde versachlicht. Person wird zur Sache. Als Pneuma nun als spiritus in die lateinische Welt übertragen wird, da ist aus dem ursprünglichen Femininum ein Maskulinum geworden.
In der deutschen Sprache ist der Geist – wie in der lateinischen – männlich. »Die Geist«, gelegentlich als Übersetzung versucht, stößt sich zu arg mit dem deutschen Sprachempfinden. Die Formel ist zu ungehört und wird deshalb als ungehörig verstanden, daß ein weiteres Zuhören oder gar Mitbeten blockiert ist. »Die Geistin« ist in unserem Wortschatz – noch? – so selten, daß diese Formel zu gewollt klingt, um akzeptiert zu werden.
Die Sprache des öffentlichen Gebets bedarf der besonderen Achtsamkeit. Die Beterin, der Beter sucht eine Sprache, die es möglichst allen Gottesdienstbesucherinnen und -besuchern ermöglicht mit zu beten. Obwohl wesentlich mehr Frauen als Männer an den Gottesdiensten in Deutschland teilnehmen, ist die Gebetssprache maskulin, in der Gottesvorstellung herrschen männliche Bilder vor. Das erschwert den sich bewußt gewordenen Frauen, aber nicht nur ihnen – das Mitsprechen der Gebete.

Das Problem des Artikels und der Relativsätze

Der Artikel ist nur da üblich, wo über Gott gesprochen wird, kein Artikel wird verwandt, wenn Gott selbst angesprochen wird. So erweist unsere Gramatik jede Rede über Gott als zutiefst gottlos, weil Gott zum Objekt meines Redens und Handelns herabgewürdigt wird. Zu dieser Einsicht hätte es eigentlich nicht des Einspruchs feministischer Theologie bedurft. Die angemessene Form der Gottesrede ist das Gebet und damit die artikellose Anrede.
Freilich verderben wir diese Gnade der Sprache, wenn wir nach der Anrede mit einem Relativsatz fortfahren. »Gott, der du ...« oder »Geist, der du ...«. Im Relativsatz holt der Artikel uns ein, aber es holt uns auch die Gottlosigkeit ein. Für wen ist der Relativsatz bestimmt: »Gott, der du den Menschen liebst, ...« oder »Herr, der du Israel befreist ...«? Der Relativsatz wendet sich an die Mitbetenden und nicht an den Angeredeten, zudem ist der Relativsatz hier unschön, denn eleganter und in der Anrede bleibend, ist: »Gott, du liebst die Menschen, ...« »HERR, du erlöst Israel ...« »Geist, du machst uns Mut ...« Es ist der Relativsatz ein gutes und meist sicheres Kennzeichen, daß die Sprachform des Gebets verlassen wurde. Die in die

Anrede einbezogene zusätzliche Bestimmung dagegen ist Erinnerung und Appell, erinnert Gott an vergangene Wohltat und appelliert, so wie er verheißen hat, fortzufahren.

Die Apposition

Der Verwendung von Appositionen verlangt weiter genaue Beachtung: »Gott, der Herr« und »Gott, der Vater« signalisieren für viele Frauen ein unerträgliches männliches Gottesbild. Doch ist die Tradition so reich und zu wertvoll, daß man darauf verzichten könnte. Auch verzichtet man auf die Kritik an allen Herren und Vätern, die in dieser Gottesbezeichnung steckt. Es werden die Herren und Väter weit weniger vergöttlicht, als einer harten Kritik und einem scharfen Gericht über angemaßte Herrschaft und mißbrauchte Vaterschaft unterzogen. Statt Vater Mutter zu sagen, bessert nichts, bricht aber deutlich mit der Tradition und beschwört neben der Erinnerung an die wärmende, liebende Mutter auch die Erfahrung der harten, kalten, hysterischen und neurotischen Mutter. »Vater und Mutter unser ...« so habe ich den Versuch eines menschengerechten Vaterunser wahrgenommen, leugnet die Tradition, die nur Gottvater aber nicht Gott-Mutter anbetet. Vater und Mutter heißen bei uns Eltern. »Eltern unser im Himmel« macht deutlich, daß hier kein Gewinn an Menschlichkeit und kein theologischer Fortschritt gemacht wurde, sondern daß sich in unbequemer Sprache theologischer Substanzverlust ankündigt.
Anders ist es, wenn der reiche Schatz weiblicher Apposition genutzt wird: die Quelle, die Kraft, die Hoffnung, die Gegenwart und Zukunft, die Gnade, die Geduld, die Barmherzigkeit, die Tiefe, die Mitte, die Weite, die Höhe, die Sehnsucht, die Liebe, die Wärme, die Nähe, die Rettung, die Allmacht, die Lebendigkeit, die Gerechtigkeit, diese verstärkt in den Gebeten zu nutzen, macht deutlich, daß unser Gottesbild wahrlich nicht nur männliche Züge hat.

Die Eigenschaften Gottes

Was für ein Gottesbild vermitteln die Attribute, die Eigenschaften, die Gott zugesprochen werden? Es gab eine Zeit, die polemisierte gegen den lieben Gott, der dann auch immer mit dem langen Bart dargestellt war. »Lieb« war gleich »harmlos« und »veraltet« begriffen. Mächtig war dieser Zeit wichtiger als lieb, allmächtig dem vorzuziehen. Hier auf Erden verehrte man zur gleichen Zeit die Herren mit dem kurzen gestutzten Bart.
Ich halte es für eine Versimplung sondergleichen, wenn man Eigenschaften in typisch männlich und typisch weiblich einteilt. Es gibt herrschsüchtige Frauen wie Männer. Es haben Männer wie Frauen Kriege geführt, Frauen haben Männer in den Krieg geschickt, Frauen waren stolz, dem Führer einen Sohn zu schenken. Die Weltgeschichte bietet wunderbare Beispiele an, es gibt nicht nur die nährende Mutter, sondern auch die Frau, die ihre

Kinder schlachtet und ihrem Liebhaber als Speise vorsetzt. Nicht ob ein Eigenschaftswort typisch männlich oder weiblich ist, kann über seine Verwendbarkeit im Gebet entscheiden, sondern allein ob diese Eigenschaft eine Wesenheit Gottes für uns angemessen zum Ausdruck bringt. Deshalb ist zu fragen, ob die herrischen Attribute wie mächtig, allmächtig, beherrschend, allwissend, kräftig, gewaltig, majestätisch, gebietend, uns heute angemessen etwas sagen, oder ob sie nicht zu dem Teil unserer Tradition gehören, die nach den Erfahrungen dieses Jahrhunderts in den Hintergrund treten müssen. Ich vermeide sie jedoch nicht als typisch männlich, sondern weil sie mir die in unseren Tagen wichtige Gottesfrage verstellen. Die Frage, die mein lebenslanges Theologiestudium bestimmt, ist die Frage, wo war Gott in Auschwitz, Hiroshima, Dresden, Mylai und anderswo. Mit den herrischen Attributen kann ich diese Frage nicht, sondern nur irreführend falsch beantworten.

Die Tätigkeiten Gottes

Ein Blick auf die in den Gebeten verwendeten Verben zeigt eine gewisse Vorliebe für das »lassen«, dabei ist nicht das in der Meditation zum Voll- und Hauptverb erhobene »lassen« im Sinne von loslassen, freilassen, zulassen gemeint, sondern oft heißt der Satz: »Herr, laß nicht zu, daß ...«, also ein richterliches, polizeiliches Handeln: Gott wird als Richter und Polizist gegen unsere Begierden, Nachlässigkeiten, Vergeßlichkeiten (gesellschaftlich und individuell) aufgerufen. Dagegen ist mit Recht Polemik angewandt, so stehlen wir uns selbst aus der Verantwortung. Er hat es ja zugelassen: Wir hatten ja sogar darum gebeten, er möge sich dagegen und damit gegen uns selbst einsetzen. Ich will nicht die Vorstellung Gottes als Richter bestreiten, aber ich empfinde, daß er hier mißbraucht wird, daß hier ein Gottes-Bild transportiert wird, daß es uns zu leicht macht. Wer sagt denn, daß Gott die Dinge, die er heute nicht verhindert, gutheißt und uns davon freispricht. Oft wendet sich die Bitte, Gott möge es nicht zulassen, gegen struktuelles Unrecht. Auch strukturelles Unrecht liegt in menschlicher Verantwortung. Dagegen sind wir aufgerufen im Namen Gottes, es geht nicht an, die Verantwortung dafür abzulehnen. Die Ablehnung des Kampfes gegen strukturelles Unrecht treibt die Opfer in die Gefolgschaft anderer Weltanschauungen, die diese Verantwortung als Herausforderung annehmen. Der Politik wird in vielen Gebeten gedacht, als lebten wir noch im Obrigkeitsstaat, als gäbe es die politisch Verantwortlichen als eine eigene gesellschaftliche Kaste und Klasse, und als hätten wir sie nicht mit unserer Wahl für einige Zeit mit politischer Macht betraut und als wären wir alle als Bürger nicht selbst verantwortlich und als ginge nicht alle politische Macht von den Bürgern aus. Nicht muß Gott den Politikern das Bewußtsein für Recht und Unrecht wachrütteln, das ist unsere Bürgerpflicht, der wir uns nicht im Gebet erledigen wollen und können.

Leicht neigen wir in den Fürbittgebeten zu den Extremen. Wir gedenken der Politiker, der Mächtigen in Handel und Industrie (die Verwaltung mit ihrer Macht wird gern übersehen), der Führer der öffentlichen Meinung in Presse, Funk und Fernsehen, oder aber der Arbeits- und Wohnungslosen, der Hungrigen und Verhungernden, der Opfer der Gewalt und des Rassismus. Die meisten der Gottesdienstbesucher gehören weder zu der einen noch zu der anderen Gruppe. Doch auch wir und unseres gleichen haben die Fürbittgebete nötig. So müssen nicht nur die Spitzen und die Randgruppen der Gesellschaft ins Gebet genommen werden, sondern alle Menschen, die Mittelschicht, der wir selbst angehören, und unser Alltagsleben, das wir führen. Rassismus ist nicht nur in fernen lateinamerikanischen und afrikanischen Staaten und nicht nur bei den Skinheads, sondern in unserer gut bürgerlichen Gesellschaft. Wer nur in den Extremen weilt, nimmt nicht mehr die Wirklichkeit ins Gebet.

Psalm 8 in der gerechten Sprache für Frau und Mann

Bernhard von Issendorff

Herr,
unser Freund und unsere Freundin,
unser Vater und unsere Mutter,
unser Bruder und unsere Schwester,
wie einmalig dein Name,
deine Hoheit am Himmel, auf Erden,
deine Hoheit in der Ferne, in der Nähe.

Die ersten Laute eines Kindes,
sie loben deine Macht.
Das Erwachen der Vogelstimmen des Morgens,
sie proklamieren dein Reich,
Da müssen die Gewaltigen vergehen,
die Eigensinnigen umkehren.

Blicke ich in die Ferne des Alls,
lausche ich in die Radiowellen der Sterne,
dringe ich ein in die Strukturen der Atome
und mache ich sichtbar die Wunderwelt der Mikroben,
was bin ich, was die Menschheit?
Und doch hast du mich gesegnet,
uns deine Gegenwart geschenkt.
Ja, uns hast du beauftragt
und hast uns deinen Bund geschenkt,
bist selbst zu uns ins Leben gekommen.

Die Erde hast du uns anvertraut,
das Leben auf ihr in unsere Hände gelegt,
das Leben der Tiere und Pflanzen,
die Luft, die Erde und das Wasser,
das zukünftige Leben der Menschen.

Herr,
unsere Freundin und unser Freund,
unsere Mutter und unser Vater,
unsere Schwester und unser Bruder,
wie einmalig bist du über Allem.

Frauengerechte Sprache

Gerechte Sprache heilt, ungerechte Sprache zerteilt

Arbeitsgruppe der Evangelischen Frauenarbeit in Deutschland

Wie kann ich »gerecht« sprechen in einer ungerechten Welt?

1. Ich kann *Frauen* ausdrücklich benennen und nicht mit männlichen Begriffen bezeichnen oder »mitmeinen«.
2. Ich kann *Frauen* als selbständige, von Männern unabhängige und gleichwertige Personen beschreiben.
3. Ich kann *Frauen* als *Menschen* mit vielfältigen Begabungen und Fähigkeiten, Rollen und Lebensformen sichtbar machen.

4. Ich kann behinderte und benachteiligte *Menschen* in ihrem Menschsein mit Begabungen und Schwächen wahrnehmen.
5. Ich kann *Menschen* anderer Hautfarbe und anderen Glaubens so ansprechen, wie sie sich selbst bezeichnen.
6. Ich kann jüdische *Menschen* als Volk Gottes achten.
7. Ich kann von *Gott* in der ganzen Vielfalt der christichen Traditionen reden und Gott nicht auf männliche Bilder festlegen.

1. Frauen ausdrücklich benennen

Wenn ich Frauen meine, sagte ich: Freundinnen (und nicht: Freunde) – Christinnen (nicht: Christen) – Studentinnen – Kirchenvorsteherinnen – kirchliche Mitarbeiterinnen – Kirchentagsteilnehmerinnen – Gesprächsleiterinnen – Ausländerinnen – Expertinnen.
Wenn ich mich auf Frauen beziehe, sage ich: jede (nicht: jeder) – alle, die (nicht: jeder, der) – keine – eine – die eine oder andere – die einzelne – die Nächste (nicht: der Nächste).
Wenn ich Frauen und Männer meine, nenne ich beide, die weibliche und die männliche Form (z.B. die eine oder der andere – Lehrerinnen und Lehrer) oder verwende neutrale Begiffe: Studierende – Kirchenvorstand – Gesprächsleitung – ausländische Mitmenschen.

2. Frauen als selbständige Personen beschreiben

Die Diskriminierung von Frauen äußert sich auch darin, daß Anredeformen und Titel für Frauen und Männer nicht gleichgewichtig gebraucht und daß Männer selbstverständlich zuerst genannt werden. Deshalb sage ich z.B.
- Eva und Adam, Jüngerinnen und Jünger, Töchter und Söhne,
- Frau M. und Herr M. (und nicht: Herr M. und seine Frau),
- Frau N. (statt: die Frau von Pfarrer N.).

3. Frauen in ihrer Rollen- und Begabungsvielfalt sichtbar machen

Hier zeigt sich die Diskriminierung von Frauen oft weniger in einzelnen sprachlichen Formulierungen als im Übersehen und Verschweigen.
- Ich will Frauen Rationalität, Sachverstand, Durchhaltevermögen zusprechen und sie nicht allein durch äußere Merkmale kennzeichnen. (Wie fände ein Mann den Satz: »Sie ist eine tüchtige Ärztin und er ein gutgebauter Brünetter«?)
- Ich will respektieren, daß viele Frauen allein leben, alleinerziehend sind, mit anderen Frauen zusammen leben, und will Frauen nicht nur auf ihre Rolle als Ehefrau und Mutter festlegen.
- Ich will nicht gedankenlos Klischees wie »Frau am Steuer«, »Doppelverdienerin«, »Milchmädchenrechnung«, »Klatschbase«, »Otto Normalverbraucher« wiederholen.

4. Behinderte Menschen nicht auf die Abweichung von meiner Norm festlegen

Wer wäre gern »die Dicke von nebenan« oder »der Blinddarm in Zimmer 12«? Ich sage nicht »der Rollstuhlfahrer«, sondern »der Mann im Rollstuhl« (oder besser: Peter Müller), nicht »die Blinde«, sondern »eine Frau, die blind ist« (und z.B. sehr gut hören, Orgel spielen, lachen kann).
Ich vermeide in meiner Symbolsprache auch das Reden vom »aufrechten Gang«, vom »blinden Huhn« und der »lahmen Ente«.

5. Menschen anderer Hautfarbe und anderen Glaubens nicht abwerten

Ich sage Schwarze (nicht: Neger) oder nenne das Herkunftsland: »Kenianerin« oder »Senegalese«,
- ein Moslem/Muslim, eine Muslimin, die Musliminnen und Muslime (nicht Mohammedaner),
- Menschen nichtchristlicher Religion (statt Heiden).

Ich vermeide in meiner Farbsymbolik die Gleichsetzung von schwarz = schlecht/sündig und weiß = gut/rein, z.B. Sündenbock (statt: schwares Schaf) – schlechter Mensch (statt: schwarze Seele).

6. Jüdische Menschen als Volk Gottes achten

Ich sage »Hebräische Bibel« statt »Altes Testament«.
Ich spreche den hebräischen Gottesnamen, der dem jüdischen Volk heilig ist, nicht aus.
Ich rede im Zusammenhang mit der Passion Jesu nicht von »den Juden«, sondern von jüdischen Autoritäten oder der religiösen Führungsschicht.

7. Gott nicht durch den Gebrauch männlicher Bilder einschränken

Wir können Gott mit unserer Sprache nicht vollständig fassen. Wir können von Gott nur mit menschlichen Wörtern und unzureichenden Bildern reden. Die Gottesbezeichnungen in unserer Tradition sind männlich geprägt: Vater, Herr, König, Hirte, Schöpfer, Gott unserer Väter, Heiliger Geist.
Ich will für Gott auch andere Bezeichnungen und Bilder suchen: Gott, du bist eine tröstende Mutter, eine gerechte Freundin, die Quelle der Liebe, das Licht meines Lebens, Ursprung aller Dinge, unsere Zuflucht und unsere Stärke.
Ich will die Worte »er« und »sein« für Gott vermeiden und statt dessen »Gott« wiederholen: Wir hoffen auf Gott und Gottes Gerechtigkeit.

(aus: Evangelische Frauenarbeit in Deutschland, Frauengerechte Sprache in Gottesdienst und Kirche, S. 4, Frankfurt 1987)

Frauengerechte Sprache in Gottesdienst und Kirche

Hanne Köhler

Alle Menschen sind vor Gott gleich. Alle Menschen, Frauen und Männer, Junge und Alte, behinderte und scheinbar »gesunde« Menschen, Menschen aller Rassen, Schichten, ethnischen oder nationalen oder kulturellen Gruppen, sind von Gott geliebt und angenommen.

Die kirchliche Sprache entspricht dieser Grundüberzeugung des Glaubens nicht, sondern ist Ausdruck und Verstärkung von Diskriminierungen. Wenn unsere Worte der Botschaft von der umfassenden Liebe Gottes im Weg stehen, sind wir Christinnen und Christen aufgerufen, unsere Worte zu überprüfen und zu verändern. So mühevoll dieses genaue Achten auf unsere Sprache ist, so notwendig ist es, damit nicht die Art, wie wir reden, das, was wir sagen wollen, unglaubwürdig macht. Die Verkündigung durch die Sprache ist keine Aufgabe für einzelne, sondern für die Gemeinde als ganze, die sich gegenseitig stärkt und durch Kritik weiterbringt. Deshalb rede ich in diesem Aufsatz von »wir« und meine uns Christinnen und Christen als Teil der Gemeinde.

Dieses Überprüfen unserer religiösen Sprache geschieht in einer Zeit, in der auch in der bundesrepublikanischen Gesellschaft zunehmend über die Bedeutung und Wirkung von Sprache nachgedacht wird[1]. Vielleicht ist es eine Chance für die Kirche, daß immer mehr Menschen die Sprache, die bisher selbstverständlich war, in Frage stellen. Vielleicht können wir so wahrnehmen, daß nicht so sehr die befreiende Botschaft Gottes sondern eher die Struktur der Gesellschaft das Reden in Gottesdienst und Kirche bestimmt.

Ich werde in diesem Aufsatz zunächst darauf eingehen, wie wir in der christlichen Gemeinde über Menschen reden. Dabei werde ich auf das Reden über Frauen und Männer (1.a), über Menschen verschiedener Hautfarbe (1.b), über Menschen anderen Glaubens (1.c) und behinderte

1 Vgl. Senta Trömel-Plötz, Frauensprache: Sprache der Veränderung, Frankfurt 1982; Senta Trömel-Plötz (Hrsg.), Gewalt durch Sprache, Frankfurt 1984; Luise F. Pusch, Das Deutsche als Männersprache, Frankfurt 1984; Ingrid Guentherodt & Marlis Hellinger & Luise F. Pusch & Senta Trömel-Plötz, Richtlinien zur Vermeidung sexistischen Sprachgebrauchs, in: Linguistische Berichte 69, 1980, S. 15–21; Marlis Hellinger (Hrsg.), Sprachwandel und feministische Sprachpolitik: Internationale Perspektiven, Opladen 1985; Marlies Hellinger & Marion Kremer & Beate Schräpel, Empfehlungen zur Vermeidung von sexistischem Sprachgebrauch in öffentlicher Sprache, Universität Hannover 1985

Menschen (1.d) zu sprechen kommen und Gedanken zur Bedeutung von frauengerechter Sprache als menschengerechter Sprache anschließen (1.e). Nach dem Sprachgebrauch für größere menschliche Gemeinschaften (2.) werde ich ausführlich auf unser Reden von Gott eingehen (3.). Dabei werden die Folgen des überwiegenden Gebrauchs männlicher Gottesbilder und der Reichtum der bisher vernachlässigten weiblichen Gottesbilder bzw. der Bilder aus dem Bereich der Schöpfung bedacht werden. Besonders gehe ich auf das Bild »Vater«, die Anrede »Herr« und die Rede von Gottes Geist ein. Nach einem Kapitel über das Reden von Christus (4.) schließen sich Überlegungen über mögliche Sprachveränderungen in unterschiedlichsten Arten von Texten (z.B. selbst Formuliertes, Lieder, Zitate, Bibel u.a.) an (5.), bevor Gedanken zur Ökumene diesen Artikel abschließen (6.).

1. Wie reden wir über Menschen?

a) Frauen und Männer

Frauen werden *selten direkt genannt*, sondern sind angeblich mit männlichen Begriffen mitgemeint. Bekannt sind Redewendungen wie »Gott unserer Väter«, »der Nächste« oder »Brüder« als Anrede in den Briefen im Neuen Testament – obwohl bisher noch niemand ernsthaft behauptet hat, daß z.B. die paulinischen Gemeinden nur aus Männern bestanden – aber auch Lieder wie EKG 469 »So jemand spricht, ich liebe Gott, und haßt doch seine Brüder« mit u.a. der Aussage »drum diene deinem Nächsten gern, denn wir sind alle Brüder« in Strophe 3[2]. Frauen sind im Gegensatz zu männlichen Gemeindegliedern bei solchen Redewendungen gezwungen, sich das Gemeinte für ihre Situation zu übertragen und in Gedanken zu ergänzen (z.B. »Gott unserer Vorfahren«, »die Nächste« bzw. »die Nächsten« – oft schließt der Plural beide Geschlechter ein –, »Schwestern und Brüder« bzw. »Geschwister«). In diesem Prozeß müssen Frauen jeweils auch entscheiden, ob sie im konkreten Fall mit männlichen Ausdrücken wirklich mitgemeint sind. (Wird z.B. in der »Woche der ausländischen Mitbürger« an die andere Situation der Türkin im Vergleich zu ihrem Landsmann gedacht?)
Diese *an der Norm »Mann« orientierte Sprache*, die Frauen nur als evtl. mitgemeint einschließt, *macht Frauen unsichtbar*. Die Rollen von Frauen, ihre Beiträge, Leistungen und Werte werden so nicht beachtet oder vergessen. Wenige Namen von Frauen aus Geschichte, Wissenschaft, Kunst und Kirche sind allgemein bekannt, und Frauen können kaum an die Geschichte von Müttern anknüpfen. Die Kirchenmütter neben den Kirchenvätern wurden und werden durch die Sprache ignoriert. Wer denkt z.B. bei den

2 Vgl. Katharina Knohl-Hoberg, Sexismus in den Gesangbuchliedern, in: Norbert Sommer (Hrsg.), Nennt uns nicht Brüder, Stuttgart 1985, S. 310–314.

Jüngern an die Jüngerin Maria aus Magdala (Mk 15,40f.), bei den Aposteln an die Apostolin Junia (Rö 16,7), bei den Propheten an die Prophetin Hulda (2 Kön 22,14), bei Gemeindeleitern an die Gemeindeleiterin Phoebe (Rö 16,1f.), bei den Bruderräten der Bekennenden Kirche an die Frauen im Kirchenkampf und bei »Pfarrer« an eine Pfarrerin.

Unsere Sprache führt dazu, daß die *Bilder in unseren Köpfen reich* sind *an männlichen Gestalten*, oft reicher als die Wirklichkeit, die uns umgibt. Ein Teil der Schöpfung, die Frauen, die wie die Männer nach dem Bilde Gottes geschaffen sind (Gen 1,27), kommt in unserer Sprache und in unserer Vorstellungswelt wenig vor. Dies führt auch dazu, daß spezifisch weibliche Lebenserfahrungen (wie z.B. die Angst vor Vergewaltigung, die jede Frau kennt) in unseren Gebeten ausgeklammert werden, während unsere Kirche sehr wohl zu reden weiß von der Befreiung von der Beschneidung durch Paulus, als wenn Frauen im Judentum je beschnitten worden wären.

Unsere *Sprache stellt Frauen in Abhängigkeit von Männern dar*, d.h. wir haben uns daran gewöhnt, daß Frauen als *untergeordnet* und *zweitrangig* erscheinen. Dies geschieht schon durch die traditionelle Reihenfolge ›Adam und Eva‹ oder ›Mann und Frau‹. Zumindest für das Englische wurde nachgewiesen, daß diese scheinbar natürliche Reihenfolge erst im 16. Jahrhundert als grammatikalische Regel eingeführt wurde, um die männliche Überlegenheit in der Sprache widerzuspiegeln[3]. So wie von Abraham und seiner Frau Sarah geredet wird, so wird auch anläßlich kirchlicher Amtshandlungen oft in Formeln wie ›Herr Otto Schmidt und Frau Erna‹ gesprochen. Dies kann nicht verwundern, wenn wir bedenken, daß zu unserer christlichen Tradition das 10. Gebot »Du sollst nicht begehren deines Nächsten Weib, Knecht, Magd, Vieh oder alles, was sein ist!« (einschließlich entsprechender Vertonungen wie EKG 240,10) und ein Lutherlied mit der Textzeile »Nehmen sie den Leib, Gut, Ehr, Kind und Weib: Laß fahren dahin« (EKG 201,4) gehören.

Wenn *Frauen* in Büchern, Unterrichtsmaterialien oder in Beispielen ausdrücklich genannt werden, dann sind sie oft *in traditionellen Rollen dargestellt* (Hausfrau, Ehefrau und Mutter, zuständig für Basar, Bewirtung, Nachbarschaftshilfe und Putzen). Eine berufstätige alleinstehende Frau oder eine alleinerziehende Mutter kann in kirchlicher Sprache kaum eine Einladung zum Evangelium, zur Botschaft, daß auch sie von Gott angenommen ist, hören. Ein alleinstehender Mann, der evtl. auch unter dem einseitigen christlichen Ehe- und Familienideal leidet, kann sich wenigstens noch in seiner Berufsrolle und in seiner Verantwortung in Kirche und Gesellschaft angesprochen fühlen.

Wie in der Gesellschaft, so hat sich auch in der Kirche eine durch nichts gerechtfertigte *Sprache* eingeschlichen, *die Frauen herablassend darstellt, demütigt und lächerlich macht* (z.B. »Dank an die dienstbaren Geister« oder

3 Vgl. Dale Spender, Man Made Language, London 2. Aufl. 1985 S. 147f.

»Klatschbasen und Kaffeetanten« oder »Nur alte Omas im Gottesdienst«). Oft werden Frauen wie in einem Schönheitswettbewerb nach ihrem Aussehen beurteilt (z.B. »Unsere Damen im Kirchenvorstand sind eine Augenweide«). Um solche Diskriminierungen zu vermeiden, hilft es meistens schon auszuprobieren, wie die gleiche Aussage über Männer klingen würde. Wahrscheinlich hören auch Männer Sätze wie »Frau P. ist eine ausgezeichnete Pfarrerin und ihr Mann ein kleiner Blonder« nicht gern.
Besonders *prägend* ist eine Sprache, die Frauen ausschließt, *für Kinder*. Wer sich mit Kindern beschäftigt, weiß, daß kleine Kinder sich alles wörtlich vorstellen. Für sie ist ein Pfarrer ein Mann und ein Jünger niemals eine Frau (und der liebe Gott, der mit Vater oder Herr angeredet wird, selbstverständlich ein alter Mann und keine weise Frau). Solche Bilder lassen sich später nur sehr schwer korrigieren.

b) Menschen verschiedener Hautfarbe

Wir sind in Kirche und Gottesdienst gewohnt, gut und böse bzw. Nähe und Ferne von Gott in Bildern wie Licht und Dunkelheit auszudrücken. Die dazu verwendete *Farbsymbolik weiß = gut* und *schwarz = böse* hat dazu geführt, daß die Gottebenbildlichkeit von Menschen mit dunklerer Hautfarbe verleugnet wurde. Gebetstexte wie Psalm 51,9 »wasche mich, daß ich weißer werde als Schnee« können heute für viele Menschen schwer erträglich sein. Ich schlage, auch angesichts des Leides, das weiße Menschen über Menschen anderer Hautfarbe gebracht haben, vor, auf diese Farbsymbolik zu verzichten und nach unbelasteteren Bildern zu suchen. Ein erster Schritt ist es, statt »schwarzes Schaf« »Sündenbock«, statt »schwarze Seele« »böse Seele«, statt »schwarz sehen« »pessimistisch sein« und statt »schwarzer Tag« »Unglückstag« zu sagen.
Aus Unachtsamkeit benutzen wir auch in der Kirche noch Ausdrücke für Lebensmittel (Mohrenköpfe bzw. Negerküsse im Kindergottesdienst, statt der zutreffenderen Bezeichnung Schokoladenküsse), ohne uns Gedanken über die Gefühle der betroffenen Mitmenschen zu machen.
Im allgemeinen ist es am angemessensten, Menschen so zu bezeichnen, wie sie sich selbst nennen. Dies schließt ein, Menschen vom afrikanischen Kontinent mit ihrer Nationalität vorzustellen, also z.B. als Äthiopierin, Senegalese, Somalierin oder Keniaer.

c) Menschen anderen Glaubens

Endgültig Abstand nehmen sollten wir, wie dies in der Religionswissenschaft bereits geschieht, von der summarischen und abwertenden Bezeichnung ›heidnisch‹. Es bietet sich an, von *Menschen anderen Glaubens* oder anderer Weltanschauung bzw. von nichtchristlichen Mitmenschen zu sprechen.

Aufgrund der deutschen (Kirchen-)Geschichte ergibt sich eine besondere Verantwortung auch für den sprachlichen Umgang mit Menschen jüdischen Glaubens. Viele Frauen und Männer haben sich bereits daran gewöhnt, von der *Hebräischen Bibel* (statt dem Alten Testament) zu sprechen, wenn sie die Schrift meinen, die Jesus als einzige kannte und schätzte. Durch diese Wortwahl werden auch falsche Assoziationen, wie altes = veraltetes Testament und neues, im Gegensatz dazu besseres, Testament vermieden.
Ähnlich verletzend für jüdische Menschen ist es, wenn wir von der »Kirche als neues Israel« reden. Solche Formulierungen legen die Frage nach dem Volk Israel nahe, mit dem Gott eine besondere Geschichte hat, die weitergeht (vgl. Röm 11). Wir müssen als christliche Gemeinschaft auf Versuche, uns auf Kosten des jüdischen Volkes darzustellen, verzichten. Wenn wir die *besondere Beziehung Gottes zum Volk Israel* leugnen, machen wir durch unsere Sprache die Treue Gottes unglaubwürdig.
Genauso wichtig ist unsere Aufmerksamkeit, wenn z.B. in vielen Bibelübersetzungen und theologischen Aussagen unreflektiert von ›den Juden‹ die Rede ist. Jesus war Jude und beteiligte sich als Jude an kontroversen Diskussionen innerhalb des jüdischen Volkes. Was wir durch den Sprachgebrauch oft als Kritik an ›den Juden‹ verstehen, war Kritik an einzelnen Gruppen und Auffassungen innerhalb des Judentums zur Zeit Jesu. Besonders wichtig, mit Blick auf theologische Rechtfertigungen des Holocaust, ist unser genaues Reden im Zusammenhang mit der Passion Jesu. Es empfiehlt sich statt der, historisch unzutreffenden, Formel ›die Juden‹ eine genaue Benennung z.B. der jüdischen Autoritäten bzw. der politischen und religiösen Führungsschicht.
Mit Recht reagieren Angehörige des Islam empfindlich, wenn wir sie als ›Mohammedaner‹ (die weibliche Form ›Mohammedanerinnen‹ ist ungebräuchlich) bezeichnen. Sie glauben nicht an Mohammed, sondern an Gott. Dieses Problem tritt gar nicht erst auf, wenn wir islamische Mitmenschen so anreden, wie sie sich selbst bezeichnen, als *Musliminnen und Muslime.*

d) Behinderte Menschen

Ausdrücke wie ›die Blinde‹, ›der Krüppel‹, ›die Aussätzige‹, ›der Taube‹, ›die Lahme‹, ›der Schwerhörige‹, ›die Rollstuhlfahrerin‹ u.ä. reduzieren Menschen auf eine Abweichung von der Norm und nehmen *behinderte Menschen nicht in ihrem vollen Menschsein mit je eigenen Begabungen und Schwächen* wahr. Wahrscheinlich möchte niemand von uns in einem Krankenhaus gerne der Blinddarm von Zi. 5 sein. Besser ist es z.B. von der ›Frau, die blind ist‹, ›Hans Müller, der schlecht hört‹, ›Beate Meier, die im Rollstuhl sitzt‹ oder dem ›Mann mit dem Sprachfehler‹ zu sprechen. Es ent-

spricht unserem christlichen Glauben, wenn wir durch unser Reden deutlich machen, daß wir andere Menschen genauso wie uns selbst als einmalige Geschöpfe Gottes sehen.
In diesem Zusammenhang ist auch eine gewisse Zurückhaltung im Gebrauch von traditionellen Formeln wie z.B. ›aufrechter Gang‹ und ›öffne unsere Augen‹ geboten. Für behinderte Gemeindeglieder können diese Bilder sehr schmerzlich sein, abgesehen davon, daß evtl. mangelnde Erfahrung das Verständnis der so beschriebenen theologischen Aussagen erschwert.

e) Frauengerechte Sprache ist menschengerechte Sprache

Ich bin eine Frau und daher betroffen von einer Sprache, die Frauen ausschließt und diskriminiert. Weil ich selber erfahren habe, wie sehr Sprache verletzen kann, möchte ich meine Sprache so ändern, daß sie andere Menschen nicht länger diskriminiert. Bei diesem Bemühen bin ich angewiesen auf Menschen, die von den jeweiligen Diskriminierungen betroffen sind. Z.B. können letztlich nur behinderte Menschen, die im deutschen Sprachraum leben, entscheiden, wie sie genannt werden wollen. Alle sprachlichen Veränderungsvorschläge, die mich als weiße, nichtbehinderte und christliche Frau nicht direkt betreffen, sind im Kontakt mit Betroffenen entstanden und sicher ergänzungsbedürftig. Dabei möchte ich zwei Tatsachen nicht aus den Augen verlieren: Erstens sind *Frauen keine gesellschaftliche Randgruppe* (sondern die Mehrheit der Erdbevölkerung), und Frauen, die eine andere Hautfarbe haben oder einer anderen Religion angehören, bzw. behinderte Frauen, sind von ausschließender und verletzender Sprache mehrfach betroffen. Zweitens ist die *deutsche Sprache* als *Genus-Sprache*, d.h. als Sprache mit einem grammatikalischen Geschlecht, anders als z.B. das Englische, durchgängig durch den Gegensatz von weiblich und männlich geprägt (z.B. deutsch ›die Lehrerin / der Lehrer‹ statt englisch ›the teacher‹). Im Deutschen und in anderen Genus-Sprachen ist das Männliche aufgrund der gesellschaftlichen Verhältnisse auch in der Sprache zur Norm geworden. Trotz dieser Sprachstruktur (frauen-) gerecht zu sprechen, ist in der deutschen Sprache das Hauptproblem, das viele erst für die politische und psychologische Wirkung von Sprache sensibel werden läßt.
Sicher erübrigen sprachliche Veränderungen nicht Veränderungen in der Struktur und im Leben von Gesellschaft, Gottesdienst und Kirche. Allerdings möchte ich auch nicht unterschätzen, wie sehr das Achten auf eigene und fremde *Sprache das Bewußtsein verändern kann*. Alle, die jemals bewußt auf ihre eigene Ausdrucksweise geachtet haben und die erfahren haben, wie schwer es ist, sich bestimmte Redeweisen an- oder abzugewöhnen, wissen, wie sehr das bewußte Formulieren wach hält für offene Probleme.

Für eine *Übergangszeit*, bis wir in der Kirche neue Formulierungen gefunden und uns an diese gewöhnt haben, wird sich eine frauengerechte Sprache manchmal umständlich und *unbeholfen* anhören. Dies ist nicht ungewöhnlich, wenn etwas Unbewußtes (die Sprache unserer Umwelt, die wir übernommen haben) plötzlich bewußt überprüft werden soll. Diese scheinbar unbeholfenen und auf jeden Fall ungewohnten Formulierungen sind vielleicht für andere ein Anstoß, um sich mit ihrer eigenen Ausdrucksweise zu beschäftigen. Daher ist es im Moment angebrachter, Frauen ausdrücklich und scheinbar umständlich mitanzusprechen, als sich hinter neutral klingende und daher unauffällige Formulierungen zurückzuziehen (also die Teilnehmerinnen und Teilnehmner des Kirchentages, statt die Teilnehmenden des Kirchentages). Außerdem ist es für einen vor Gott verantworteten christlichen Sprachgebrauch sicher angemessener, umständlich zu klingen, als verletzend und ausgrenzend zu wirken. Mit etwas Übung und gemeinsamer Phantasie wird uns hoffentlich eine frauengerechte Sprache *einmal selbstverständlich vorkommen.*

2. Wie reden wir über größere menschliche Gemeinschaften?

Theologisch wird *das Volk Israel und die Kirche oft in weiblichen Bildern im Gegenüber zu einem männlichen Gott* beschrieben und zwar als der weibliche Teil einer patriarchalen Ehe. Gedacht ist nicht an die gleichberechtigte Partnerin in einer Ehe, sondern an die ungetreue Frau, die Hure, die Ehebrecherin, die Jungfrau oder die gehorsame Dienerin (so z.B. bei Hosea). Dadurch, daß die deutlich ungleichgewichtige Beziehung zwischen Gott und Israel bzw. der Kirche mit einem solchen überkommenen Ehebild verknüpft wird, wird indirekt eine solche Ehestruktur (gebietender, Treue fordernder und ggf. bestrafender Mann mit gehorsamer oder treueloser und deswegen zu bestrafender Frau) gerechtfertigt. Der Ehefrau würde es gut gehen, wenn sie nur endlich ihrem Mann gehorchen würde. Genauso sollen die Menschen erkennen, daß sie auf Gott angewiesen und von Gott abhängig sind. Wie kann angesichts solcher Vergleiche eine Frau in der Kirche genauso geachtet werden wie ein Mann?

3. Wie reden wir von Gott?

a) Wir reden in Bildern (Metaphern)

Wir Menschen können von Gott nur in Bildern (Metaphern) reden. Die Bibel kennt viele verschiedene Bilder für Gott. Jedes einzelne Bild spricht EINE besondere Erfahrung an, die Menschen mit Gott gemacht haben. *Kein einziges Bild beschreibt Gott umfassend.* Weil Gott alle unsere Bilder

und Beschreibungen sprengt, können wir nur versuchen, in möglichst vielfältiger Weise und mit vielen verschiedenen Bildern von unseren Erfahrungen mit Gott zu erzählen.
Wenn wir menschliche Bilder für Gott benutzen, dann können wir dies tun, weil wir Menschen nach dem Bilde Gottes geschaffen sind. In der kirchlichen Sprache überwiegen allerdings männliche Bilder und Ausdrücke für Gott. Dies läßt, entgegen dem christlichen Glauben, den Eindruck entstehen, Männer seien mehr als Frauen Ebenbilder Gottes. Dieses *einseitige Reden von Gott in rein männlichen Bildern* spiegelt und verstärkt sexistische Strukturen in der Gesellschaft und erschwert es Frauen, ihre eigene Identität im Glauben zu entdecken und zu entwickeln. Wie wir uns Gott vorstellen, prägt immer auch unser Selbstverständnis. Eine Abschwächung der ständig erzeugten Assoziation, Gott sei ein Mann, ergibt sich schon, wenn wir statt dem Pronomen ›Er‹ einfach immer wieder Gott sagen:
Der gewohnte Sprachgebrauch vernachlässigt die *Vielzahl der weiblichen Gottesbilder in der Bibel*[4] z.B. Gott als Mutter-Adler, die die jungen Adler (uns Menschen) auf Flügeln empor trägt und ermutigt, für sich selbst zu sorgen (5 Mose 32,11 u.ö.): Gott als Henne, die ihre Küken unter die Flügel nimmt (Mt 23,37 u.ö.); Gott als gebärende Frau, die unter Schmerzen die ganze Schöpfung zur Welt bringt (Jes 42,14 / 5 Mose 32,18 / Hiob 38,28–29 u.ö., wobei zu beachten ist, daß das hebräische Wort für ›gebären‹ in deutschen Übersetzungen oft falsch mit ›zeugen‹ wiedergegeben ist); Gott als tröstende Mutter (Jes 66,13); Gott als Frau, die Verlorenes wiederfindet (Lk 15,8–10); Gott als Frau Weisheit (Sprüche 1,20–33 / Lk 11,49 u.ö.). In der Kirchengeschichte wurden diese und andere weibliche Bilder für Gott immer wieder aufgenommen, u.a. von Clemens von Alexandria, Augustin und Thomas von Aquin (auch wenn sich diese weiblichen Gottesbilder nicht unbedingt positiv auf die Haltung dieser Theologen gegenüber Frauen auswirkten). Wenn heute in Gottesdienst und Kirche von Gott geredet und gebetet wird, kann aus einer breiten biblischen Tradition von weiblichen Gottesbildern geschöpft werden, die durch ihre Vernachlässigung in unserer Zeit vielleicht sogar aussagekräftiger sind als die bekannten und oft zu Formeln erstarrten Bilder.
Wenn wir Christinnen und Christen heute z.B. in unseren Gebeten und Gesprächen nach neuen Worten und Bildern suchen, um zu Gott zu reden und von unserer Erfahrung mit Gott zu erzählen, können wir also mit voller Berechtigung Erfahrungen von Frauen und weibliche Bilder verwenden. Wir sollten nur darauf achten, daß wir in unserer neuen Sprache *nicht die üblichen Rollenstereotypen* wiederholen. Wenn z.B. von der nährenden und sorgenden Mutter oder dem gerechten und strengen Vater die Rede ist, wiederholt und verstärkt dies eine für beide Geschlechter einschränkende

4 Vgl. Virginia Mollenkott, Gott eine Frau? Vergessene Gottesbilder der Bibel, München 1985

Aufteilung von menschlichen Eigenschaften in Gott. Wir können von Gott z.B. auch als tröstendem Bruder sprechen, oder als um Gerechtigkeit kämpfender Frau. Die verbreitete Abneigung gegen weibliche Bilder und Begriffe für Gott kommt vielleicht auch daher, daß bisher weibliche Bilder allenfalls für die erfahrbare, die immanente Seite Gottes und nicht für die ganz andere, die transzendente Seite Gottes gebräuchlich waren. Es wird viel Aufmerksamkeit, z.B. beim Formulieren von Gebeten, erfordern, um diese unbewußte Assoziation von grammatikalischem Geschlecht und Gottesverständnis aufzulösen (wie z.B. in: Du Unerforschliche und Du gleichzeitig Naher).

b) Vater Gott

Eines der gebräuchlichsten Bilder für Gott heute ist »Vater«. Wir sind an dieses Bild so gewöhnt, daß wir bisweilen vergessen, daß es ein Bild ist, eine Möglichkeit, bestimmte Eigenschaften Gottes zu beschreiben, unter unendlich viel anderen Möglichkeiten. Wenn wir nicht mehr »Gott ist WIE ein Vater« sagen, sondern »Gott ist ein Vater«, dann verletzen wir durch diese Gleichsetzung von Gott und Vater eigentlich das Bilderverbot und sind auf dem Weg in Abgötterei und Götzendienst. Wenn Gott einseitig Vater ist, dann sind Väter gottähnlich. Männer haben durch ihre (mögliche) Rolle als Vater eine Nähe zu Gott, die für Frauen auch als Mutter unerreichbar zu sein scheint. *Gottvater und die Herrschaft der Väter auf Erden* verstärken sich dann gegenseitig. Andererseits kann dieses einseitige Reden von Gott als Vater für Männer auch überfordernd sein, wenn sie meinen, sie müßten so Vater sein, wie Gott Vater ist. Darüber hinaus sind natürlich unsere eigenen Erfahrungen mit unseren irdischen Vätern entscheidend dafür, was wir mit der Aussage »Gott ist wie ein Vater« verbinden. Wer den eigenen Vater z.B. als streng und brutal erlebt hat, wird Schwierigkeiten haben, an Gottes befreiende Zuwendung zu glauben, wenn Gott immer nur als Vater dargestellt wird.
Die einseitige Rede von Gott als Vater wird oft auf den *Sprachgebrauch Jesu* zurückgeführt. Jesus habe, aufgrund seiner besonderen Beziehung zu Gott, Gott mit dem aramäischen Wort Abba angeredet. In diesem liebevollen Kosewort sei die Nähe, Zuwendung und liebevolle Fürsorge Gottes in besonderer Weise ausgedrückt. Heute weckt das Wort Vater allerdings, wie ich in verschiedenen kirchlichen Kontexten feststellen konnte, andere Assoziationen. Frauen (und Männer?) verbinden mit Vater-Gott eher Respekt, Gerechtigkeit und Autorität und nicht Nähe und Geborgenheit. Diese emotional warmen Kategorien werden, entsprechend der größtenteils noch üblichen gesellschaftlichen Arbeitsteilung, eher mit dem Wort Mutter verbunden. Vater wird im alltäglichen Sprachgebrauch (z.B. ›Vater der Glühbirne‹) dagegen eher mit Urheberschaft als mit kontinuierlicher Sorge verknüpft. Der Begriff ›väterliche Gewalt‹ ist bekannt, aber in der

deutschen Sprache fehlt z.B. ein männliches Äquivalent zu ›bemuttern‹. Es ist also gut möglich, daß das Bild »Gott ist wie eine Mutter« dem Bedeutungsinhalt von Jesu »Abba« näher kommt als eine wörtliche Übersetzung[5].

Neuere Untersuchungen[6] stellen in Frage, ob die Anrede ›Abba‹ für Jesus so *zentral* war, wie bisher angenommen. Jesu Anrede in der Gethsemaneszene Mk 14,36 (der einzige Beleg für das aramäische Wort Abba in den Evangelien) kann von niemand bezeugt werden. Das griechische Wort für Vater wird in den frühen Quellen (Mk und Q) sehr selten gebraucht und scheint ein bevorzugtes Wort innerhalb der matthäischen und johanneischen Traditionen gewesen zu sein. Wir würden also nichts für Jesus Zentrales oder speziell Christliches aufgeben, wenn wir die Rede von Gott als Vater durch andere Bilder ergänzen oder ersetzen.

c) Herr

Schon zu Jesu Lebzeiten war es in der jüdischen Tradition aus Achtung vor Gott seit langem üblich, den Gottesnamen (JHWH) nicht auszusprechen, sondern statt dessen adonai, also ›der Herr‹ zu sagen. Die griechische Übersetzung der Hebräischen Bibel hat sowohl den Gottesnamen JHWH als auch den Titel adonai mit *kyrios*, also Herr, wiedergegeben. Wenn der kyrios-Titel in den Evangelien und Briefen auf Jesus übertragen wird, dann war dies damals ein sehr *gefährliches politisches Bekenntnis*. Es hieß nämlich Jesus und nicht der Kaiser ist kyrios, eine Aussage, die vielen das Leben kostete. Heute ist das Wort »Herr« in der Alltagssprache zu einer höflichen Anrede für Männer geworden (wie übrigens auch schon bei Maria aus Magdala in Joh 20,15) und in der religiösen Rede zu einem frommen Wort, das selten politisch gemeint ist. Uns fehlt heute ein Titel wie es kyrios damals war, um Gottes bzw. Christi Macht gegen die politischen Strukturen zu bekennen. Herr als Anrede für Gott kennzeichnet Gott in der »Welt des Herrn Maier« vor allem als männlich und muß über die HERRschaft Gottes über die HERREN (!) der Welt noch nichts sagen. Aus Rücksicht auf die Scheu der jüdischen Gemeinde, den Gottesnamen JHWH auszusprechen, ist eine Rückkehr zu dem, was in der Hebräischen Bibel steht, heute keine Lösung des Problems. Hier gilt es, im Vertrauen auf die Gegenwart von Gottes Geist nach neuen Titeln zu suchen.

5 Vgl. Susan Brooks Thistlethwaite, Inclusive Language: Theological and Philosophical Fragments, in: Journal of the Religious Education Association and the Association of Professors and Researchers in Religious Education USA Vol. 80 Number 4 Fall, 1985, S. 551–570.

6 Vgl. Madeleine Boucher, Scriptual Readings: God-Language and Nonsexist Translation, in: Language and the Church published by National Council of Churches of Christ in the U.S.A. edited by Barbra A. Whiters, 1984, S. 28–32

d) Gottesbilder haben verschiedene Aufgaben

Je nachdem, welche Erfahrung mit Gott wir ansprechen wollen, werden wir verschiedene Bilder für Gott verwenden. Im privaten oder familiären Bereich sind uns sicher andere Aspekte Gottes wichtig als z.B. in politischen Diskussionen. So verschieden wie Menschen sind, erzählen sie von Gott. Die Vielfalt in unserer Sprache ist Ausdruck der umfassenden Liebe Gottes. Neben weiblichen und männlichen Bildern für Gott (evtl. auch gleichzeitig wie in 1 Mose 49,25) wurden immer auch *Naturphänomene* benutzt, um Erfahrungen mit Gott weiterzuerzählen: Gott wie ein Fels (Ps 18,3); Gott wie Wind (Joh 3,8); Gott wie Regen (Ps 72,6); Gott wie drückende Mittagshitze und Tau (Jes 18,4); Gott als Feuer (2 Mose 3,2 und 13,21); Gott als leises Säuseln (1 Kön 19,11); Gott wie Wasser (Jes 41,17) etc. So können wir heute Gott im Gebet anreden als Atem der Schöpfung, Quelle des Lebens, Schützende Hand, Zuflucht vor dem Sturm, Brunnen der Weisheit o.ä. Wenn wir *Gott wirklich anreden*, werden auch Satzungetüme wie »Gott, der Du die Quelle unseres Lebens bist ...«, die wir in normalen Gesprächen nie verwenden würden, überflüssig. »Gott, Du bist die Quelle der Gerechtigkeit. Auf Dich vertrauen wir ...« klingt z.B. viel natürlicher.

e) Gottes Geist

Besonders deutlich zeigt die christliche Sprachentwicklung für »Gottes Geist«, wie sehr Menschen versucht sind, sich Gott und die Gegenwart Gottes auf der Erde nach ihrem Bild (und nicht wie 1 Mose 1,27 umgekehrt) zu schaffen. Gottes Geist ist im Hebräischen ein Femininum (also die Geist, die über den Wassern schwebt), wird im Griechischen zu einem Neutrum und im Lateinischen schließlich, wie im Deutschen, ein Maskulinum. Auf diesem Weg *über das grammatikalische Geschlecht wurden weibliche Bilder und Begriffe für Gott ungebräuchlicher*. Wir sollten uns bemühen, gerade von Gottes Geist nicht in einseitig männlichen Wendungen zu reden. Eine einfache Möglichkeit ist es, von Gottes Geist (statt DER Geist Gottes) zu sprechen. Daneben bieten sich Redewendungen wie ›die Gemeinschaft des Geistes, die ...‹, ›die Liebe des Geistes, die ...‹, ›die Kraft, die ...‹, ›die Gerechtigkeit, die ...‹ u.a. an.

4. Wie reden wir von Christus

Die historische Person Jesus aus Nazareth war unbestreitbar ein Mann, ein Jude in seinem historischen und geographischen Kontext. Für unseren Glauben ist jedoch *nicht* die *Mannwerdung*, sondern die *Menschwerdung Christi entscheidend*. Bisher gibt es wenig Vorschläge, wie diese Überzeugung in der deutschen Sprache sichtbar werden kann. Am einfachsten ist es

vielleicht noch, ›Kind Gottes‹ statt ›Sohn Gottes‹ und ›Mensch‹, ›Menschengestalt‹ oder ›ich‹ statt ›Menschensohn‹ zu sagen. Dies kann dazu beitragen, daß alle sich mit der Menschheit Jesu identifizieren können.[7]
Wenn *Christus* präexistent und auferstanden ist, dann *sprengt* Christus als eine Person der göttlichen Trinität, ebenso wie dies oben von Gott überhaupt gesagt wurde, alle unsere Bilder und Begriffe und damit auch die *Kategorien weiblich und männlich* (Gal 3,26–28). Christus begegnet uns heute in Frauen und Männern verschiedener Hautfarbe und Weltanschauung mit den verschiedensten Begabungen und Lebensformen. In der Kirchengeschichte war es nichts Ungewöhnliches z.B. von ›Mutter Christus‹ zu sprechen oder von ›Schwester Christus‹[8].

5. Frauengerechte Sprache in Rede und Schrift

Je nach Art des Redens oder Schreibens ist ein Bemühen um eine gerechte und unserer Verkündigung entsprechende Sprache mehr oder weniger schwierig.

a) Selbst formulierte Texte

wie z.B. Diskussionsbeiträge, eigene Gebete, Gespräche, Andachten, Predigten, Briefe, eigene Veröffentlichungen etc. bieten sich für das Einüben einer frauengerechten Sprache an, ohne daß größere Konflikte zu erwarten sind. In diesem Bereich ist es mit einiger Übung am einfachsten, auf Diskriminierungen zu verzichten und sich doch klar und deutlich auszudrücken.

b) Lieder

sind oft eine der wenigen Gelegenheiten der Gemeinde, sich am Gottesdienstgeschehen aktiv zu beteiligen. Durch die Kombination von eigener Aktivität, Text und die durch die Musik ausgelösten Gefühle wirken die Lieder oft nachhaltiger als erwartet. Es ist daher enorm wichtig, neues Liedgut in frauengerechter Sprache in den Gemeinden (und Schulen) einzuüben. Jedoch ist die Auswahl solcher Lieder mit deutschen Texten bisher sehr begrenzt. Um bekanntes Liedgut in einer Gemeinde zu ändern, ist pädagogisches Geschick und vielleicht eine laute Singstimme nötig. In den USA werden z.B. veränderte Texte abgedruckt und stehen den Gemeinde-

7 Vgl. Division of Education and Ministry, National Council of the Churches of Christ in the U.S.A., An Inclusive Language Lectionary: Readings for Year C, 1985, S. 259

8 Vgl. V. Mollenkott, a.a.O., S. 16f. und Rosemary Radford Ruether, Sexismus and God-Talk Chapter 5: Christology – Can a Male Savior Save Women? Boston 1983, S. 116–138

gliedern während des Gottesdienstes zur Verfügung, oder kleinere Veränderungen werden mit dem Lied angesagt. Allerdings sind Änderungen in bekanntem Liedgut nur mit musikalischem Gespür möglich und stoßen unter Umständen auf urheberrechtliche Schwierigkeiten. Ein neues und in frauengerechter Sprache wegweisendes Gesangbuch wäre für die Kirche eine große Hilfe und könnte sicherstellen, daß auf dem Weg zu verantwortbaren Liedtexten eine gewisse Einheitlichkeit in den Kirchen geschaffen wird, die gemeinsames Singen zum Lob Gottes an vielen Orten ermöglicht.

c) Zitate aus schriftlichen Quellen

lassen sich durch indirekte Wiedergabe meist von Diskriminierungen befreien, die den Autorinnen und Autoren vielleicht gar nicht bewußt waren oder die sich durch einen Bedeutungswandel von Begriffen oder durch eine Änderung im Sprachgebrauch erst zwischenzeitlich ergeben haben. Wenn ein wörtliches Zitat unbedingt notwendig ist, können Anmerkungen weiterhelfen, die allerdings so formuliert sein sollten, daß sie das Verständnis der eigentlichen Aussage erleichtern und nicht durch ein anderes Schwergewicht aus dem Blick geraten lassen.

d) Festgeprägte liturgische Formulierungen

sind sicher ein empfindlicher Bereich für Veränderungen, da sie dazu beitragen, daß Gemeindeglieder sich im Gottesdienst zu Hause fühlen. Zu Anfang wäre eine Möglichkeit, geprägte Formulierungen durch besondere Einleitung einzubetten und als historische Texte sichtbar zu machen (z.B. als Einleitung für das Ökumenische Glaubensbekenntnis: In Worten, die vor langer Zeit von unseren Vorfahren gefunden wurden, bekennen wir unseren Glauben. Wir stellen uns damit in die Gemeinschaft der christlichen Kirche zu allen Zeiten und überall auf der Erde.)

e) Lesungen im Gottesdienst

Biblische Texte sind, auch wenn sie nicht durch eine Predigt ausgelegt werden, Teil der *Verkündigung* an die versammelte Gemeinde in jedem einzelnen Gottesdienst. Diese Verkündigung *darf niemand ausschließen*. Daher ist eine Übersetzung (oder auch Übertragung) nötig, die die befreiende Nähe Gottes jeweils neu deutlich werden läßt. In den USA hat der Nationale Rat der Kirchen ein Lektionar in frauengerechter Sprache herausgegeben, das neben den für die Lesungen vorgesehenen Bibeltexten auch die Predigtabschnitte enthält[9]. Ein solches Lektionar in deutscher Sprache wäre eine große Hilfe für die Gemeinden. Ohne große Mühe ist es heute schon möglich, bisher vernachlässigte ›Frauentexte‹, d.h. Bibelabschnitte,

9 Division of Education and Ministry, National Council of the Churches of Christ in the U.S.A., An Inclusive-Language Lectionary: Readings for Year A (1983), Year B (1984), Year C (1985)

in denen Frauen und/oder weibliche Gottesbilder vorkommen, im Gottesdienst zu lesen und der Gemeinde dadurch vertrauter zu machen.

f) Bibel

Die Bibel ist nicht nur für den gottesdienstlichen Gebrauch bestimmt, sondern ist die Quelle, mit der sich Kirche und Theologie immer wieder auseinandersetzen müssen. Daneben dient sie als Nachschlagewerk und historischer Text für viele Wissenschaften. Daher ist eine verständliche und akkurate Bibelübersetzung nötig. Eine akkurate Übersetzung gibt die Bibel so getreu wie möglich in unserer Sprache wieder, d.h. sie versucht die Bibel so zu übersetzen, wie sie damals verstanden wurde und wirkte. Eine Übersetzung darf einerseits nicht heutige Fragestellungen und Ansichten in den Text hineintragen. Andererseits muß eine Übersetzung ständig überarbeitet werden, weil sich die Sprache und das Verständnis bestimmter Wörter und Strukturen wandelt. So läßt sich heute nicht mehr feststellen, wie z.B. Frauen in Korinth die Anrede des Paulus an die Gemeinde ›adelphoi‹ (etwa 1 Korinther 1,10–11) verstanden haben. Im Deutschen wird ›adelphoi‹ meist mit ›Brüder‹ übersetzt, obwohl es Hinweise darauf gibt, daß ›adelphoi‹ damals auch Geschwister meinen konnte[10]. Ohnehin war die Bezeichnung für Frauen ›adelphai‹ (Schwestern) nur geringfügig anders und wurde vielleicht sogar genauso oder sehr ähnlich ausgesprochen. Sicher ist, daß das Sprachgefühl im Deutschen sich mittlerweile geändert hat. Frauen sind keine Brüder! Viele Frauen sind heute durch den Ärger über die Anrede ›Brüder‹ so abgelenkt, daß sie nicht mehr wahrnehmen, wie ein Bibelabschnitt damals gehört und verstanden wurde. Daher wäre es angemessener, wenn eine heutige Bibelübersetzung ›adelphoi‹ mit ›Schwestern und Brüder‹ oder ›Geschwister‹ übersetzt.
Auch sehr sorgfältiges Übersetzen, das Frauen und ihre Erfahrungen berücksichtigt, wird nicht zu einer feministischen Bibel führen. Die Bibel ist in einer patriarchalen Kultur entstanden. Die Menschen, die sie geschrieben haben, gingen von der Norm ›Mann‹ aus und hatten Frauen meist nur im Blick, wenn sie für Männer zum Problem wurden. Eine akkurate Übersetzung darf die patriarchalen Voraussetzungen der Bibel nicht verschleiern. Oft allerdings sind Übersetzungen (und die Wirkung von Bibel-

10 Vgl.: Walter Bauer, Wörterbuch zum Neuen Testament, durchgesehener Nachdruck der 5. Auflage 1971, Spalte 31: »Doch gibt es auch Stellen, wo mit adelphoi offensichtlich Geschwister schlechthin, verschiedenen Geschlechts und in beliebiger Anzahl gemeint sind.« – In der griechischen Übersetzung der Hebräischen Bibel zu 5 Mose 15,12 findet sich sogar ein biblisches Beispiel dafür, daß auch die Einzahl ›adelphos‹ (Bruder?) Frauen und Männer meinen konnte. Nach der neuesten Ausgabe der Lutherbibel lautet der Vers: »Wenn sich dein Bruder, ein Hebräer oder eine Hebräerin, dir verkauft, so soll er dir sechs Jahre dienen, im siebenten Jahr sollst du ihn frei entlassen.«

abschnitten in der kirchlichen Tradition) patriarchaler als der hebräische oder griechische Urtext. Wo das Hebräische oder Griechische nicht erkennen läßt, ob es sich um Frau oder Mann handelt, verwenden deutsche Übersetzungen oft wie selbstverständlich männliche Bezeichnungen[11]. Eine gute Übersetzung kann und muß sich bemühen, solche patriarchalen Interpretationen der Bibel zu vermeiden. An diesem Punkt ist noch viel Arbeit nötig. Die Bibelabschnitte, die sich nach sorgfältiger Prüfung als patriarchal und frauendiskrimierend erweisen, müssen selbstverständlich in Kirche und Gottesdienst frauengerecht ausgelegt werden.

6. Frauengerechte Sprache im Kontext der Ökumene

Einigen mag jetzt Angst vor neuen ökumenischen Spannungen gekommen sein. Ich höre manchmal, die Einheit der Kirche rücke in noch weitere Ferne, wenn wir unsere Sprache ändern, während andere Kirchen (z.B. die orthodoxen und die katholischen) Frauen noch nicht ordinieren. Allerdings ist die *Ökumene* in Richtung auf eine frauengerechte Sprache *teilweise* schon viel *weiter* (z.B. in den USA und Kanada) als wir in der Bundesrepublik. Zudem ist hoffentlich deutlich geworden, daß es bei einer »Frauengerechten Sprache« nicht um nebensächliche Wortwahl, sondern um die unverkürzte Verkündigung Gottes geht. Eine Kirche, die um des lieben Friedens willen oder um der Erhaltung bestimmter Strukturen willen, die Hälfte der Menschheit sprachlich diskriminiert und das volle Menschsein und somit die Gottebenbildlichkeit vieler Mitmenschen aus benachteiligten Gruppen durch ihre Sprache bestreitet, verleugnet Gott und die ihr aufgetragene Botschaft.

Wo Menschen sich bemühen, eine frauengerechte Sprache zu sprechen, eine Sprache, die zärtlich und genau ist, da können sie auf die helfende Gegenwart Gottes vertrauen. Die Kraft und die Phantasie, die in Gott ihren Ursprung hat, wird uns dazu helfen, daß wir anfängliche Schwierigkeiten überwinden, und unsere Sprache nicht länger verletzt, sondern Zeichen für das Reich Gottes inmitten unserer Welt sein kann.

11 Vgl. z.B. die Gute Nachricht Übersetzung zu Mt 25,45, die durch Einfügung in den Text die »Geringen« als geringe Männer interpretiert.

Literatur:
- Letty M. Russell, Als Mann und Frau ruft er uns – Vom nicht-sexistischen Gebrauch der Bibel, München 1979 (Die Übersetzung ist, wie der Titel zeigt, nicht immer für den Sachverhalt sensibel)
- T.C.C. Schloten-Van-Itterson, Sprache und Bild, in: Catharina J.M. Halkes/Daan Buddingh (Hrsg.), Wenn Frauen ans Wort kommen, Gelnhausen 1979, S. 55-58
- Maria De Groot, Sprache und Bild, in: Catharina J.M. Halkes/Daan Buddingh (Hrsg.), Wenn Frauen ans Wort kommen, Gelnhausen, S. 59–65
- Evangelische Frauenhilfe in Deutschland e.V., Zum Weitergeben – Arbeitshilfen zum Thema Sprache, Ausgabe 1 Januar 1985
- Sheffield-Report: Constance F. Parvey, Die Gemeinschaft von Frauen und Männern in der Kirche, Neukirchen 1985, bes. S. 130ff. und S. 148ff.

Anmerkung:
Ich habe mich bemüht, diesen Aufsatz nach den Kriterien zu schreiben, die ich für eine frauengerechte Sprache benenne. Um deutlich zu machen, daß eine frauengerechte Sprache auch wirklich gesprochen werden kann, habe ich auf eine für Texte, die zum Lesen gedacht sind, durchaus brauchbare Schreibweise mit Schrägstrichen (z.B. Autor/inn/en) oder die in der Schweiz übliche Schreibweise mit einem zweiten Großbuchstaben (z.B. AutorInnen) verzichtet. Über Anregungen, Verbesserungsvorschläge und alle, die diese Gedanken aufgreifen, verwenden und weitertreiben, würde ich mich freuen.

(aus: Evangelische Frauenarbeit in Deutschland, Frauengereche Sprache in Gottesdienst und Kirche, S. 23-31, Frankfurt 1987)

Gebet einer Familienfrau

Katharina Schmidt

Gott, Du Schöpfer unseres Lebens, wie viele Frauen werde ich Tag für Tag von den unerläßlichen, oft so nichtig und selbstverständlich erscheinenden Notwendigkeiten des täglichen Lebens innerhalb meiner Familie in Atem gehalten. Am Abend eines ruhelosen Tages überfällt mich oft die Frage, was ich eigentlich getan habe und womit ich mein Leben zubringe. In einer solchen Stimmung neige ich dazu, unzufrieden und verzagt zu werden, und tue mich schwer, die Mitte und das Ziel meines Lebens in den vielen Einzelgeschäften des Alltags auszumachen.

Aber auch die andere Erfahrung ist mir nicht fremd, daß ich spüre, wie Du meinen Weg aufhellst:

wenn Du mir die Augen öffnest und mich empfänglich machst für alles, was mir selbst tagtäglich zuteil wird,

wenn Du mein Herz zur Freude bereitest an den oft kleinen Zeichen des Einvernehmens, der Zuneigung und Dankbarkeit,

wenn Du mir Spannkraft und langen Atem für den Umgang mit den mir anvertrauten Menschen einflößt

und mir Schwung und Zuversicht schenkst, jeden Tag neu unter Deiner Verheißung zu beginnen.

Gott, Du Geist des Lebens, ich bitte Dich, laß mich durch meine Zweifel und Fragen in Bewegung geraten, daß ich in meiner gewohnten Rolle der alltäglichen Pflichterfüllung nicht erstarre,
ermutige mich, über meinen engen Familienhorizont hinauszusehen,
stärke mein Selbstvertrauen, daß ich auch in von mir noch unerprobten Lebensbereichen etwas ausrichten kann,
damit ich beherzt und tatkräftig nach Deinem Willen lebe. Amen.

Gebet einer jungen Frau

Kathrin Neuhaus-Dechow

Ich bin jung,
voller Energie und Kraft,
voller Freude und Phantasie.

Ich liebe mein Leben, und ich träume
von vielen Möglichkeiten, die es mir bietet,
für mich persönlich und für meinen Beruf.

Aber die unendlichen Möglichkeiten machen mir auch Angst.
Immer wieder spiele ich verschiedene Lebenspläne durch,
und Unsicherheit tritt hinzu.
Sind sie zu versponnen?
Zu unrealistisch? Zu verwegen?
Für welchen der unendlich vielen Wege
soll ich meine Energie einsetzen?

Sind es meine Wege, die ich gehe
oder die der anderen?
Soll ich mich auf meine Gefühle verlassen
oder lieber mit klarem Sachverstand mein Leben angehen?

In all' der Freiheit gibt es so viele Fragen.

Komm', Heiliger Geist, stille meine Stürme,
sei du der ruhige, gleitende Strom,
der durch mein Leben fließt.
Berühre mich mit deinem Atem,
und bringe mich auf den Weg zu mir selbst.

Mein Weg zu dir ist mein Weg zu mir selbst.

Gebet einer berufstätigen Frau

Berthild Boueke-von Waldthausen

Mein Leben ist reich an Abwechslung, an Kontakten und Anerkennung. Auch habe ich zuweilen das Gefühl, etwas Sinnvolles zu tun. Was will ich mehr und wie bevorzugt bin ich vor vielen Frauen, die das vermissen!

Und doch, oh Gott, habe ich Angst, daß etwas nicht stimmt. Immer bin ich beschäftigt und innerlich auf Trab. Ich fürchte, Du oder ein Mensch könnte leise bei mir anklopfen und ich hörte Euch nicht. Ich ließe Euch nicht ein, weil ich nicht wirklich bei mir zuhause bin.

Gib mich nicht auf, Heiliger Geist. Berühre mich sanft wie ein Lufthauch, daß ich innehalte, aufmerke, zu mir komme und ganz da bin für die Begegnung im gegenwärtigen Augenblick.

Eingangsgebete

Ankommen und Einstimmen – eine Grundorientierung

Einerseits sammeln deutlich konstruierte Gebetsformen im Eingangsteil die Gottesdienstteilnehmer aus der Verschiedenheit ihrer Lebenssituationen. Andererseits aber bietet der Eingangsteil auch Raum für das persönliche Ankommen, für die individuelle Einstimmung. Um der Gemeinde Anregungen für das eigene Beten geben zu können, ist zunächst Klarheit über eine üppig überwucherte Landschaft zu gewinnen. Gerade die persönliche Andacht und das Stille Gebet im Gottesdienst brauchen einen vorbereiteten Ort. Betreten wir also den Eingangsbereich des Gottesdienstes. Anders als bei dem dann folgenden zweiten Schritt (nämlich der »Eröffnung und Anrufungen«) ist das Gelände häufig – je nach lokaler Sitte und Unsitte – unübersichtlich und unwegsam. Introitus, Kyrie, Gloria und Kollekte – jene alten Bausteine seit den Anfängen der römischen Bischofsmesse – sind ein vergleichsweise sicherer Boden. Aber was geschieht nicht alles vorher? Das ist vielerlei: Glockengeläut, Orgel- und/oder Chor- und Instrumentalmusik, Offenes Singen, Eingangslied, »Komm, heiliger Geist« (EG 156), »In nomine Patris«, Gruß, Begrüßung, Wochenspruch, biblisches Votum, Leitwort, Sündenbekenntnis, Rüstgebet, Confiteor, Bußgebet, Offene Schuld, Eingangsgebet, Meditationsgebet, Stilles Gebet, Abkündigungen und abkündigungsbezogene Fürbitten, Hinweise für den Gottesdienstablauf, Bekanntmachungen und Gemeindenachrichten. Die summarische Zusammenstellung dessen, was die Agenden benennen, bietet nur ein begrenztes Spiegelbild der tatsächlichen Praxis.
Ein wichtiger, hier aber nicht zu entfaltender Aspekt ist die Entschlüsselung bzw. Gestaltung der »nichtsprachlichen Texte«. Sie werden von den Liturginnen und Liturgen sowie der Gemeinde durch Wege, liturgische Ortswechsel, Zuordnungen im Raum sowie Haltungen und Gebärden formuliert. Um die Komplexität liturgischer Darstellung und Kommunikation wahrnehmen zu können, müßte die Fixierung auf die lediglich in Texten erfaßbare Liturgie aufgegeben werden. Wenigstens in Andeutungen soll in diesem Arbeitsbuch bei der Erläuterung einzelner Elemente diese Dimension in den Blick kommen. Zwar liegt unser Akzent stärker bei der Frage der *Komposition*. Das Bewußtsein für die Bedeutung der *Inszenierung* soll aber wachgehalten werden.

Denn die Wege, die in einer Versammlung gegangen werden, gliedern sie. Wer darf einziehen – und wer nicht? Wer nur bei besonderen Anlässen, wie z.B. zur Konfirmation, Hochzeit, Einführung des Kirchenvorstandes usw. und wer aufgrund seines Status in der Regel? War es in den Anfängen die Entgegensetzung zum kaiserlichen Hofzeremoniell, die dem Introitus die spezifischen Konnotationen lieferte, so sind es heute andere Kontexte, die den Interpretationshintergrund für den Einzug des Liturgen bilden. Liturgen und Gemeinden nutzen für Aufbrüche aus der Enge des liturgischen Rahmens vor allem die Ränder des Gottesdienstes als Gestaltungsräume. Dem liturgiegeschichtlich rekonstruierenden Blick stellt sich dies als ein Wachstums- und Wucherungsprozeß dar, bei dem sich Elemente überlagern, durchdringen, neue Kombinationen eingehen sowie neue Funktionen und Bedeutungen übernehmen. Für die Wahrnehmung so mancher Gottesdienstbesucher handelt es sich bei dieser bunten Mischung allerdings eher um liturgischen Sperrmüll, der den Eingang versperrt und viele Menschen bei den ersten Schritten schon ins Stolpern bringt.
Ehrwürdige Trümmer (wie z.B. das »In nomine Patris« oder das Psalmversikel »Unsere Hilfe steht im Namen des Herren«) aus unterschiedlichen Zeiten und Traditionen, bisweilen durch einen Ortswechsel aus anderen Teilen des Gottesdienstes hierher geraten (z.B. die Offene Schuld und die Salutation), stehen neben Neuschöpfungen der vergangenen Jahre, die zum Teil bereits verschlissen sind (und auch durch Steigerung nur schwer zu retten): »Ich begrüße Sie herzlich«, »Ich begrüße Sie sehr herzlich zu diesem Gottesdienst«, »Ich begrüße Sie besonders herzlich an diesem schönen Sonntag im Namen des Kirchenvorstands mit dem Wochenspruch dieser Woche«.
Einladend, einstimmend, hinführend und vorbereitend wollen die einzelnen Elemente und Gebete der Eröffnung des Gottesdienstes sein. Daß sie es selten sind, hat viele Gründe. Respekt vor historisch gewachsenen und in der Gemeinde verwurzelten Traditionen steht in Spannung zu einem Problembewußtsein, das auf gewandelte Rollen- und Gottesdienstverständnisse von Liturginnen und Liturgen und ihrer Gemeinden reagieren will. Oft ist es allerdings auch nur Gewöhnung an eingelebte Formen oder Trägheit, die Lieder und Gebete eher addiert als ordnet und umgestaltet. So kommt es zu Inkonsequenzen und Doubletten und bisweilen zu konkurrierenden Kombinationen einzelner Teile, die sich unter Umständen in ihrer Botschaft wechselseitig aufheben. Zum Beispiel eine übliche Stil-

und Gedankenlosigkeit: Ein Liturg, begleitet von zwei Kirchenvorstehern, zieht während des Präludiums durch den Mittelgang zum Altar, hält inne zum stillen Gebet, verneigt sich in Richtung zum Altar (eine Restgeste priesterlicher Altarverehrung) und gibt wenige Augenblicke später von den Altarstufen – quasi nachrichtlich – die Gemeindeveranstaltungen der kommenden Woche bekannt.

Die verschiedenen Agenden bringen das »Programm« des Eingangsteils auf unterschiedliche Begriffe: Rüstteil, Vorbereitung, Sammlung, Kontaktaufnahme. Dem entsprechen die unterschiedlichen Gebetsformen. Der Eingang sollte nur versprechen, was der Innenraum dann halten will. Ihren präzisen Sinn erhält die Eröffnung des Gottesdienstes erst im Zusammenhang mit seinen übrigen Teilen. Denn um den Ablauf des Gottesdienstes zu gliedern, benutzen die verschiedenen Agenden Interpretationsrahmen, die ein bestimmtes Gottesdienstverständnis einschließen. Da das jeweilige Gottesdienstverständnis – im Idealfall – die Auswahl und Kombination der Elemente steuert, wirkt es sich auf die Gestaltung auch der »Eröffnung« aus, ob sie sich z.B. als »Eingang« an den großen kommunikativen Grundphasen orientiert: Eingangs-, Mittel- und Schlußphase. Oder ob sie als »Kontaktaufnahme« die erste Phase eines Gottesdienstes als Lernprozeß präzisiert: Eingangsphase, Problemlösungsphase, Reaktions- und Rekreationsphase, Antizipationsphase, Ausgangsphase. In der Bezeichnung »Rüstteil« hingegen – gelegentlich zu »Rüstgebet« verkürzt – klingt die Erinnerung an den Vorbereitungsakt der Kleriker nach, der seit der Reformation auf die ganze Gemeinde übertragen wurde – sei es als private oder öffentliche, gemeinsame »Bereitung«.

Unabhängig von den unterschiedlichen »Programmen« des Eingangsteils läßt sich aus der Vielzahl der eröffnenden Stücke eine ungefähre Folge der Einzelschritte erheben. Dieses Grundmuster, ergänzt durch Zwischenschritte und Ausformungsvarianten, betrachten wir aus der Perspektive von Gottesdienstbesucherinnen und Gottesdienstbesuchern und stellen die kritische Frage nach dem vorbereitenden und hinführenden Charakter gerade der Gebete. Dabei wird einiges aus dem Gottesdienst heraus, anderes an einen anderen Ort wandern.

Die persönliche Andacht im Gottesdienst – das Stille Gebet

Vor dem Weg durch den Gottesdienst liegt der Weg zum Gottesdienst. Die Mehrheit der Gottesdienstteilnehmerinnen und -teilnehmer legt ihn zu Fuß zurück. Befragungen sagen, daß die meisten dies nicht als Belastung oder gar möglichen Hinderungsgrund des Gottesdienstbesuches überhaupt empfinden, sondern als Möglichkeit der Sammlung aus der Zerstreuung des Alltags. Es ist dies eine elementare und natürliche Form des »meditativen Gehens«, das derzeit bei Tagungen und Freizeiten als Besonderheit angeboten wird.

Für viele ist ein weiteres Element dieser Einstimmung das Stille Gebet, gesprochen, nachdem man die Kirche betreten und seinen Platz eingenommen hat. Ob es bei einer andeutenden Geste bleibt, oder ob der Raum für das Beten tatsächlich offen gehalten wird, wird nicht zuletzt durch das prägende Verhalten der Liturginnen und Liturgen bestimmt. Wenn sie allsonntäglich allein oder in Begleitung während des Präludiums einziehen, formulieren sie einen anderen Text, als wenn sie während des Glockengeläuts die Sakristei verlassen, nach einem Stillen Gebet auf der vordersten Bank im Kirchenschiff sich zur Gemeinde setzen. Wer diese Möglichkeit im Gottesdienst kultivieren will, sollte auf die Plätze Meditationskarten auslegen. Beispiele für solche Motivgebete sollen im Folgenden vorgestellt werden. Eine andere Möglichkeit ist es, wechselnde persönliche Eingangsgebete als Anregung in die Gesangbücher zu legen. Auch hierfür gibt es Beispiele.

Zunächst die *Motivgebete*. Entweder auf dem Platz oder in mehreren, in der Kirche aufgestellten »Bilderkörbchen« befinden sich Motivkarten. Wer mag, nimmt sich einen solchen »Eindruck« und meditiert ihn während der Eingangsphase oder der anderen stillen Phasen des Gottesdienstes. Entweder wird diejenige oder derjenige es dann in Sprache fassen und in einem der folgenden Gottesdienste die Meditation oder das Gebet an einer dafür vorgesehenen Stelle einbringen. Oder er/sie behält es für sich als *persönliches Gebet*.

Motivgebete

Arno Schmitt

Zu einem Foto, das regenschweres Gras zeigt

Es gibt Tage, da tränen meine Augen. Da weint es in mir, und da weint es aus mir heraus. Da sind die Beziehungen zu den Menschen, mit denen ich lebe, wie erstarrt. Es ist ein Hohn, was wir austauschen miteinander und was wir einander verweigern.
Alle Herzlichkeit ist wie erdrückt ... alles Verstehen wie ausgeschlossen ... Zwischen uns wie Mauern, undurchdringlich ... Das Wort des einen wird zum Widerwort des anderen ...
Wie allein man sich fühlen kann, umgeben von Menschen, umströmt von den Ereignissen des Tages! Manchmal rede ich mir zu:
Du wirst es schon packen! Doch stelle ich fest dann: Fertig werde ich damit nicht, alles macht mich fertig!
Es gibt Tage, da tränen meine Augen. Da bin ich menschen- und gottverlassen mit mir allein ...

Zur Fotografie eines verknoteten Seils

Immer enger wurde mein Leben.
Immer fester wurden die Fesseln.
Immer kleiner wurde mein Mut.
Immer ängstlicher wurde mein Blick.

Bis ... bis Du ... ja, Du
Mit deinen Augen mich angeschaut hast,
Die voll Liebe
Verstanden,
Vergaben.
Und die Fesseln meines Lebens durchschlugen!
(Nach Hermann Traub)

Zum »Coventry-Mahnmal«

Mahnmal der Versöhnung

Als am 14./15. November 1940 die mittelenglische Stadt Coventry Opfer deutscher Luftangriffe wurde, sank auch die Kathedrale in Trümmer. Noch heute steht die Ruine – als Mahnmal der Versöhnung. Aus den Nägeln der alten Kirche wurden Kreuze gefertigt und in zahlreichen Partnerkirchen rund um die Welt aufgestellt. In der Dorfkirche von Alt-Pankow in Berlin-Ost steht eines dieser Nagelkreuze aus Coventry: »Vater, vergibt!«

Foto: Stoffels

Frieden, Herr:
Man kann von ihm träumen.
Man kann ihn ersehnen.
Man kann von ihm reden.
Man kann in Zeitungen und Büchern davon lesen.
Man kann in gescheiten Reden davon hören.
Man kann Gedichte darüber machen, Filme.
Man kann viel.
Man kann noch viel mehr:
Man kann den ersten Schritt selber tun!
Man kann dem anderen die Hand reichen, heute, jetzt!
Man kann, mit dem Finger auf den anderen weisend,

Die anderen vier gegen sich selbst
Gerichtet erkennen!
Man kann auch dies, Herr:
Nicht aufhören, sich daran zu erinnern,
Daß dir es gefallen hat, vom Frieden
Bis zuletzt
Nicht zu lassen!
Die Anfänge zu erneuern
Bis aus dem Traum Wirklichkeit geworden ist!

Zum Foto eines weinenden Kindes

Schrei hinaus in alle vier Winde,
Was deine Augen gesehen haben!
Schrei hinaus,
Daß du die Menschen gesehen hast,
Wie sie mit erhobenen Fäusten
Brot und Gerechtigkeit
Einklagten!
Schrei hinaus,
Daß du sie weinen sahst,
Empört und ohne Hoffnung,
Vom Terror zu Waisen gemacht!
Schrei hinaus,
Schrei hinaus,
Daß du sie gesehen hast,
Kinder, die durch das Land zogen
Mit dunklen Augen und einem Lächeln für das Morgen:
Augen, tiefschweigend fragend,
Wie lange noch!?

Gott,
Dein Schrei
Kommt in den Armen zur Welt!

Zum Foto eines Marmorengels

Plötzlich,
während du nichtsahnend deine Wege gehst,
überfällt dich Vergangenes mit Urgewalt.
Längst vergessen Geglaubtes kommt
unwettergleich zurück und droht
Verwüstungen anzurichten.

Da rettet dich nicht die Flucht!
Glaub mir, so schnell tragen dich deine Füße nicht,
daß dem Gestern, wenn es sich meldet, du entkommen
könntest!

Befreiung nur so,
wo einer dazwischentritt
zwischen dich und das Ungelöste
und dir sein »Friede sei mit dir!« ausrichtet!

Wenn sein Gruß dich trifft,
dich tief drinnen erreicht,
wird Versöhnung dir wachsen mit dem, was war!
Du wirst nicht alles begreifen,
vielleicht nur das Wenigste,
doch wird das Unbegreifliche
die Macht über dich verlieren,
dir nicht länger Feind sein müssen!

Zum Foto eines gebeugten Baumes

Wer richtet dich auf, gebeugter Baum am Rand des Weges?
Welche Kraft zwang dich,
die Krone erdwärts zu senken?
Nicht ist es gegeben der Sonne,
dich aufstehn zu lassen.

Bist du noch Baum?
Wie einsam du stehst unter anderen Bäumen!
Geschaffen emporzustreben
wirst du für alle Zeit
gebückt bleiben
auf karg bemeßnem Raum.

Mir scheint,
du habest eingewilligt
in ein solches Sein!
Denn Jahr für Jahr
treibst du geduldig Laub
und bietest deine Früchte denen dar,
die unter schwerer Last Gebeugte werden dir gleich.
(Nach Sabine Naegeli)

Zum Foto von Blüten

An der Pflanze sind die Blätter und Blüten
Schönheit, die Früchte Reichtum.
Doch die Wurzel ist unsichtbar!
Die Wurzel ist Hoffnung nur, geduldiger Aufstieg im Dunkel
Auf den Tag zu, den sie nicht kennt und niemals sehen wird,
Auf die Blüte zu, von der sie keine Ahnung hat,
Die sie ernährt nur durch ihre Nacht.

Gott, hilf den Wurzeln!

Du bist mir nah

Klaus Zillessen

Herr, heute morgen bin ich gern hier in deinem Hause.
Ja, ich weiß: Du bist mir immer nah,
Tag und Nacht.
Aber während der Woche spüre ich deine Nähe oft nicht,
da ist so vieles andere zwischen dir und mir,
ich habe an so vieles zu denken,
für so viele zu sorgen,
so vieles stürmt auf mich ein, bedrängt mich,
Worte, Sätze, Lärm, Geschrei, Arbeit, Zahlen …
Aber jetzt, Herr, weiß ich dich nahe,
spüre deine Nähe an meinem Nachbarn,
der mit mir singt und mit mir betet,
spüre, wie die Freude mich durchströmt,
und wie mich das mit andern Menschen verbindet,
die mir sonst fremd sind.
Heute bin ich gern hier,
da steigt der Dank in mir auf
für dein Wort,
gesungen und gesprochen.

Hab' Dank dafür, daß du uns nahe bist,
aber ich habe auch eine Bitte, Herr:
Sei du auch denen spürbar nahe,
dich dich besonders brauchen,
die nach dir schreien
und denen, die verstummt sind,
weil sie von dir und anderen nichts mehr erhoffen.
Sei denen freundlich und beschützend nahe,
die von zu vielen unter uns offen oder uneingestanden
verachtet und gehaßt werden,
Asylsuchenden, Menschen aus anderen Ländern und Erdteilen,
die unter uns leben wollen,
Menschen die anders aussehen, eine andre Sprache sprechen,
anders denken und leben als ich.
Hilf uns, die Distanz zu ihnen zu überwinden,
laß uns großzügige Gastgeber werden,
gute Nachbarn, Freunde, Partner.
Gibt deinen Geist dazu.

Zur Gestaltung des Eröffnungsteils – mit Blick auf das Ganze des Gottesdienstes

Jürgen Frank

In einem Interview antwortete eine 18jährige Schülerin auf die Frage nach der Bedeutung des Betens für ihr Leben:

»Früher habe ich wie ein Kind halt sehr naiv gebetet. Ich habe es so von meiner Mutter übernommen als das Ritual des Betens oder des Singens abends. Dann irgendwann hat es sich halt verloren, weil man halt allein ins Bett gegangen ist und selbst über sich bestimmt hat. Dann habe ich es weiter gemacht, weil es mir sonst gefehlt hätte.
Im Moment habe ich das Gefühl, daß es mir nichts bringt irgendwohin zu beten, sondern, daß ich mich, wenn ich Probleme habe, dann setze ich mich damit auseinander, rede mit anderen Leuten darüber. Also zu behaupten, daß ich bete, das wäre gelogen.

Das stimmt nicht. Ich bete zur Zeit wirklich nicht, außer ich gehe in die Kirche und bete halt das Vaterunser oder Sachen, die halt selbstverständlich sind. In der Kirche – ich war auch schon lange nicht mehr in der Kirche – aber wenn ich in der Kirche bin, dann genieße ich zum Beispiel das Stille Gebet, dann wirklich, dann fällt mir auch ein, was ich – wo ich denke, das kannst du dir mal – überlegen. Überlegen oder nachdenken, finde ich besser. Ich muß nicht an eine Person beten, sondern ich überlege mir Sachen oder allein, daß ich mich damit auseinandersetze, das ist schon eine Art Gebet. Wenn ich mir was überlege.«
(Woran ich glaube – Gespräche mit Jugendlichen. Von Klaus Heiner Weber, Hess. Rundfunk, 10.2.92)

Das eigene innere Sprechen

Das Stille Gebet ist für viele der Raum im Gottesdienst, in dem sich Gedanken für ihr eigenes Beten einstellen. *Der Gottesdienst* mit seinen vielfältigen Anregungen *reizt zum eigenen inneren Sprechen.* Nicht nur das Ankommen im Gottesdienst – also die Eingangsphase – bietet hierfür Gelegenheit. Andere, im Ablauf des Gottesdienstes bewußt ermöglichte Zeiten für das Stille Gebet wären eine Stille nach den Lesungen oder nach der Predigt, wenn ihr nicht ein Predigtlied folgt, sondern Orgelspiel. Als festes Element gehört das Stille Gebet in den viergliedrigen Spannungsbogen am Ende des Gottesdienstes: Gebet nach der Predigt – Fürbittengebet – Stilles Gebet – Vaterunser.

Einleitungen zum Stillen Gebet
könnten z.B. sein:

– Wir beten in der Stille.

– Wir denken vor Gott an die Menschen, die er uns anvertraut hat. Wir bitten ihn in der Stille, bei uns und bei ihnen zu sein.

– In der Stille bringen wir vor dich, was unser Herz schwer macht und unsere Seele müde. Wir bringen vor dich, was unsere Sinne lebendig macht und uns mit Freude erfüllt.

– Wir beten in der Stille zu Gott.
Wir bringen vor ihn,
was uns aufreibt und zerstört.
Wir beten zu Gott,
der unserem Leid ein Ende machen
und unsere Hoffnung erfüllen wird.

Glockengeläut und Stilles Gebet

Sieht man einmal von der Predigt ab, so gehören Glockengeläut, Stilles Gebet und Orgelmusik für den evangelischen Christen zu den Kernstücken

eines Gottesdienstes. Anders als der Introitus (verstanden als der Wechselgesang zwischen Liturg und Gemeinde) und das Sündenbekenntnis gelten sie als unverzichtbar. Erwartet wird also das Wort, eingebettet in einen ästhetischen und interessanten Rahmen. In diesem Rahmen soll sich eine Pfarrerin oder ein Pfarrer bewegen, dessen hervorgehobene Position dadurch vermenschlicht wird, indem mehrere verantwortliche Personen mitbeteiligt werden. Daß diese Erwartung von zahlreichen Liturgen bereitwillig aufgenommen wurde, ist vermutlich ein Erklärungsgrund für die Beteiligung von Kirchenvorstehern, z.B. bei der Begrüßung, den Abkündigungen und Lesungen. Weit seltener ist ihre Beteiligung am Fürbittengebet, wo es besonders naheliegt. Erst recht sind sie ausgeschlossen vom Sprechen der Psalmen oder der Eingangsgebete. Wie bei den Glocken selbst, schwingen bei ihrer Wertschätzung Ober- und Untertöne mit. Nicht nur die Vielfalt der Funktionen, die den Glocken im Laufe der Geschichte zugewachsen sind, scheinen nachzuklingen. Sondern auch die Verbindung hervorgehobener Momente des eigenen Lebens mit dem Glockengeläut ist offenbar in die Wertung eingegangen. Natürlich rufen sie primär zum Gottesdienst. Diese Funktion ist ihnen durch die Zeiten geblieben. Sie werden als »Ein- oder Zusammenläuten« unmittelbar vor dem Anfang des Gottesdienstes geläutet. Sie läuten aber auch in vielen Gemeinden während der Einsegnung der Konfirmanden und als sog. Gebetsanschlag beim Vaterunser. Auf diese Weise sollen die in der Kirche nicht Anwesenden zum Mitbeten aufgefordert werden. Allein schon diese Überlagerung des vielfältigen Gebetsläutens mit dem Eingangsläuten führt zu einer wechselseitigen Steigerung und gibt dem Stillen Gebet eine zusätzliche Dimension.
Diese gemeinsame Dimension von Glockengeläut und Stillem Gebet läßt sich aus den Inschriften vieler Glocken ablesen: »O rex gloriae Christe veni cum pace« – eine der beliebtesten Gebetsformeln seit dem 16. Jahrhundert – findet sich neben Formeln wie z.B. »In nomine Domini. Amen« oder »Vivos voco« und »Motuos plango«. Ob nun invitatorisch oder epikletisch – über der Frage nach den vielfältigen Botschaften des Glockenklangs soll das Nächstliegendste nicht überhört werden, nämlich daß sie klingen. Mögen sie nun harmonisch oder melodisch aufeinander abgestimmt sein – auch wo es sich nicht um Glockenspiele handelt, wird das Geläut als vollwertiges musikalisches Instrument wahrgenommen. Als solches dient es als Teil der den Gottesdienst intonierenden Musik.

Präludium, Postludium, Lieder

Ist das Geläut verklungen, setzt in der Regel die Orgel ein. Nicht zuletzt durch die Korrespondenz mit dem Postludium wird das Präludium als der gemeinsame Beginn des Gottesdienstes erlebt. Diese Bedeutung wird verstärkt, wenn das Präludium den Einzug begleitet. Die Gespräche verstummen, die wandernden Gedanken werden auf einen Neueinsatz gesammelt.

Instrumental- oder Chormusik können die Orgel vertreten. Aber auch dieser gemeinsame Anfang ist offen für individuelle Ausprägungen der Aneignung. Für den einen ist es ein musikalisches Schwellengeleit und erleichtert die Umstellung von draußen nach drinnen. Für den anderen kündigt sich in der musikalischen Ouvertüre bereits der Grundton des nun folgenden Gottesdienstes an. Eine neue Dimension des Gebets kommt in den Blick: Es ist ein Lobpreis oder eine Klage ohne Worte, in die sich die Beterin und der Beter einstimmen können. Der Zusammenhang der musikalischen Gestaltung mit der übrigen Komposition des Gottesdienstes setzt Zusammenarbeit und Verabredungen voraus, die in der Praxis eher die Ausnahme sind – so wird oft geklagt. Ungewollt disharmonische Gottesdienste dürften ihre Wirkung kaum verfehlen – selbst wenn die Betroffenen nicht in der Lage sein sollten, die Ursachen ihrer Störungen bewußt wahrzunehmen.

Die ersten Schritte, die der »Musik zum Eingang« folgen, sind spannend und aufschlußreich im Blick auf das, was folgt. Oft ist an diesem Punkte schon erkennbar, wie Gemeinden und Liturginnen und Liturgen ihr Verhältnis zueinander und wie sie ihren Gottesdienst verstehen. Auch wenn das Präludium den Einzug der Liturginnen und Liturgen begleitet hat und sie nun in der Gemeinde oder im Altarraum sitzen, ist noch nicht entschieden, wer nun wie als erster handeln darf. Der Blick auf die Agenden zeigt, wie sehr sich hier die Wege trennen. Denn folgt das Eingangslied, eröffnet die Gemeinde gemeinsam ihren Gottesdienst. Dabei mag die Wahl des Liedes ganz unterschiedlich motiviert sein. Lieder zur Tages- oder Kirchenjahreszeit, zum Leitmotiv des Gottesdienstes oder mit Bezug auf einen besonderen Anlaß folgen anderen Intentionen, als z.B. Psalmlieder oder Lieder mit der Bitte um den Heiligen Geist. So sind die Psalmlieder häufig als Ersatz für die ursprünglich als Hymnus den Gottesdienst eröffnenden Psalmen an diese Stelle getreten. Dies vor allem dann, wenn die Psalmen weder vom Chor, noch von der Gemeinde gesungen wurden, sondern als Lesungen das ständig wiederkehrende Stück aus dem Alten Testament bilden.

Lieder mit der Bitte um den Heiligen Geist sind eine andere Form, in der Gemeinde und Liturginnen und Liturgen gemeinsam den Gottesdienst beginnen können, nämlich mit einem Eingangsgebet. Dies tritt besonders beim Lied EG 156 hervor. Denn im Grunde handelt es sich bei »Komm, heiliger Geist« nicht um ein Eingangslied, sondern um ein gesungenes Gebet. Gerade wenn dieser Bitte um den Heiligen Geist üblicherweise ein Eingangslied folgt, kann der Unterschied dadurch hervorgehoben werden, daß die Gemeinde EG 156 stehend und ohne Orgelbegleitung singt.

Gebete am Altar

Die Linie der gemeinsamen eröffnenden Schritte setzt sich fort, wenn nach Geläut oder Präludium Pfarrerinnen und Pfarrer oder Helferinnen und

Helfer an den Altar treten, um die Gedanken der Gemeinde in einem Gebet oder einer Eingangsmeditation zu sammeln. In der Regel wollen Eingangsmeditationen in das Thema des ganzen Gottesdienstes einstimmen. Hingegen sind Eingangsgebete – auch als Bußgebet oder als klassisches Confiteor – ein Versuch, die persönliche, private Vorbereitung zu einer gemeinsamen, öffentlichen Vorbereitung zu machen, da das Stille Gebet der Gemeindeglieder von manchen professionellen Liturgen als unzureichend angesehen wird.

Das sieht die Gemeinde offenbar anders. Sie schätzt das Stille Gebet. Auf Confiteor und Offene Schuld reagiert die Mehrheit mit starken Widerständen. Ob der historische Kern dieser Sündenbekenntnisse, nämlich die Schuld- und Unwürdigkeitsbekenntnisse des Priesters – verbunden mit der Bitte um Gottes erbarmende Gnade – diesen Vorbereitungsakt wieder an seinen Ursprungsort zurückzieht: als privates, stilles Gebet in die Sakristei?

Der Auszug aus der Sakristei war nur der erste Schritt auf der Wanderung des Confiteors. Bevor es zum gemeinsamen Rüstakt der Gemeinde wurde, sprachen es die Kleriker auf dem Wege von der Sakristei zum Altar. Auf diese Weise ging der Kontext mit anderen Vorbereitungen – Anlegen der liturgischen Gewänder, Händewaschen – verloren. Der Akzeß (accessus = die Annäherung) wurde durch den Stilwandel in der kirchlichen Baukunst verändert: Die Sakristei wurde vom Eingang zum Chor verlegt. Dadurch verkürzten sich Weg und Annäherung. Psalmlesung (Psalm 43), Sündenbekenntnis und wechselseitige Lossprechung der Kleriker waren die Elemente des Stufengebetes. Die optativische, fürbittende Form – im Unterschied zur indikativischen der Beichte – erhellt auch die ursprüngliche Bedeutung des In nomine Patris. Mit dieser Bekreuzigungsformel verbanden sich die einander an den Stufen des Altars gegenüberstehenden Kleriker in der gemeinsamen Bitte um Vergebung. Wo diese Formel heute als versprengtes Trümmerstück – meist in Kombination mit anderen Elementen der Eröffnung – auftaucht, ist aus der Gebetsformel eine Autorisierungsformel geworden: »Ich begrüße Sie im Namen ...« oder »Wir feiern diesen Gottesdienst im Namen ...«. Damit dürfte sich der säkulare Bedeutungshorizont interpretierend durchgesetzt haben. Von Liturgiehistorikern gutwillig herangezogene Füllungen aus Missionsbefehl oder Tauferinnerung können kaum mit einprägsameren weltlichen Parallelen konkurrieren, in denen im Namen verkündet, verurteilt und begrüßt wird.

Verglichen mit dem In nomine Patris, das durch seinen Bedeutungswandel vielen offenbar als Begrüßungsformel geeignet erscheint, ist das Auxilium nostrum ein stehengebliebener, funktionsloser Rest des Stufengebetes. Denn es schließt weder als Versikel das Gebet des 42. Psalm ab, noch leitet es das Confiteor ein. Man sollte es als Teil des Sündenbekenntnisses in den Zusammenhang von Beichte und Abendmahl eingliedern und den Eingang des Gottesdienstes so entlasten.

Begrüßungen, Bekanntmachungen

Ein weiterer sinnvoller Umzug wäre der Ortswechsel der Wochensprüche vom Anfang an das Ende. Das entspräche ihrer ursprünglichen Bedeutung als Sendevoten weit besser, als ihre Umfunktionierung zu Grußformeln. Denn die Einleitung: »Ich begrüße Sie mit dem Wochenspruch dieser Woche …« oder »Ich rufe Ihnen ein Wort zu aus …« macht aus einem biblischen Votum noch keinen Gruß. Aus der Tradition des Evangelischen Tagzeitenbuches stammend, geben die Wochensprüche das Leitmotiv für die Textauswahl an, die dann für die Wochentage bestimmte Lebensbereiche in den Blick nehmen. Nun ist allerdings damit zu rechnen, daß die Gemeinden stärker durch die Losungen als durch das Tagzeitenbuch bestimmt sind. Dennoch erscheint mir die Kombination mit der Bekanntmachung der Veranstaltungen aus dem Gemeindeleben sinnvoller, als die Verwendung für liturgische Begrüßungen.
Beides, Bekanntmachungen und Wochenspruch, sind häufig Elemente der »Begrüßung« am Anfang des Gottesdienstes. Wo sie noch durch die Abkündigung von Amtshandlungen und der Nennung von Kollektenbestimmungen ergänzt werden, wird das Bestreben erkennbar, die wechselnden, aktuellen »Propiumsstücke« des Gemeindelebens in einem Akte und an einem gottesdienstlichen Ort zusammenzufassen. Gerade auch wo Kirchenvorsteherinnen und Kirchenvorsteher diese Aufgabe übernehmen, wurde auf diese Weise die ausreichende Basis für einen Auftritt geschaffen. Dieser Versuch, den Eingangsteil durch Rollenteilung und unliturgische Sprache zu vermenschlichen, führte allerdings nicht zum angestrebten »kommunikativen Klima«, sondern zu Schwerfälligkeit und Kopflastigkeit der Eröffnung. Darum sollten die Amtshandlungen ebenso wie die besonderen Ereignisse vor die Fürbitten gestellt werden.
Eine Einbeziehung von Gemeindegliedern in die Gestaltung und Ausführung des Fürbittengebetes hätte einen dreifachen Effekt: die Fürbitten wären aktueller und gemeindenäher, der Kreis der den Gottesdienst aktiv Gestaltenden wäre erweitert und der Eröffnungsteil um weitere Elemente entlastet.
Der Schaffung einer kommunikativen Atmosphäre will auch die inzwischen voll entfaltete Begrüßungskultur dienen. Im Unterschied zur gemeinsamen Eröffnung treten hier Liturginnen und Liturgen der Gemeinde gegenüber. Im Eingangslied und Eingangsgebet (Bitte um den Heiligen Geist) waren Gemeinde und Liturginnen und Liturgen durch die Hinwendung zum gemeinsamen Adressaten verbunden. Das gilt auch für das im Wechsel gesprochene Confiteor. Jetzt wenden sich LiturgInnen der Gemeinde zu. Das entscheidende am Gruß wird seine Kontaktfunktion. Je nach Kontaktbedürfnis und Rollenverständnis variiert die Ausgestaltung. Besonders herzliche, warme menschliche Worte versuchen die als distanzierend empfundene Liturgie (incl. liturgische Kleidung) zu überspielen. Solche Begrüßun-

gen haben bisweilen eine Entsprechung in einem persönlichen Abschiedswort nach dem Segen. Mit den Worten: »Ich wünsche Ihnen einen angenehmen Sonntag und einen guten Heimweg« wird der Talar gleichsam erleichtert abgelegt. Das andere Extrem bildet der Vorschlag, die Salutatio an den Ort der tatsächlichen Erstbegegnung von LiturgInnen und Gemeinde zu rücken. Nach dem Eingangslied soll also die traditionelle Salutatio oder ein anderer biblischer Gruß folgen, z.B. »Die Gnade unseres Herrn Jesus Christus und die Liebe Gottes und die Gemeinschaft des Heiligen Geistes sei mit euch.« Gemeinde: »Und mit deinem Geist.« Oder: L »Der Friede des Herrn sei mit euch allen.« G »Friede sei mit dir.« Diese »Grüße zur Eröffnung« wollen den Segens- und Gebetscharakter biblischen Grüßens für den Gottesdienst erhalten. Diesem Gruß kann dann ein »einstimmendes, abholendes und persönliches Wort« folgen (so der Vorschlag der »Erneuerten Agende«). Dies bietet sich immer dann an, wenn der Gottesdienst von dem üblichen Ablauf abweicht, oder wenn der Hinweis auf ein Leitthema oder Leitmotiv das Auffinden und den Mittvollzug des Spannungsbogens eines Gottesdienstes erleichtert. Auch der besondere kirchenjahreszeitliche Charakter eines Sonntags könnte an dieser Stelle benannt werden, ohne allerdings einer langweiligen Routine ein Tor zu öffnen. Daß es sich z.B. um den 12. Sonntag nach Trinitatis handelt, hat keinen besonderen Informationswert, im Unterschied zur Einführung von Kirchenvorstehern oder Anwesenheit von Gästen aus der Partnergemeinde. Die Funktion dieses Elementes der Eröffnung wäre die einer »Zeitansage«. In Verbindung mit dem Gruß kann sie ihren Ort sowohl vor als auch nach dem Eingangslied haben. Die Entscheidung wird davon abhängen, ob es dem gemeinsamen Beginn eine größere Bedeutung gibt als einer Einstimmung, die möglicherweise zu dem Eingangslied hinführen kann.
Die *Grundform eines gestrafften Eröffnungsteiles* hätte dann die folgenden Schritte:

Glockengeläut (Stilles Gebet)

Orgelvorspiel / Musik zum Eingang (evtl. Einzug d. LiturgInnen und Helfer)

Gruß (evtl. als Salutatio)

Hinführung / »Zeitansage«

Eingangslied und/evtl. *Eingangsgebet* (Komm, heiliger Geist EG 156) und/oder evtl. Eingangsmeditation

Abkündigungen von Amtshandlungen und besonderen Ereignissen rücken nun unmittelbar vor das (evtl. von Gemeindegliedern gesprochene) Fürbittengebet.

Bekanntmachungen aus dem Gemeindeleben und der Veranstaltungskalender werden nur auf die wirklich erforderlichen Hinweise beschränkt und mit dem Hinweis auf die Zweckbestimmung der Kollekte (die am Ausgang eingesammelt wird) zwischen Schlußstrophe und Segen plaziert.
Der Wochenspruch erhält seinen Ort im Anschluß an die Bekanntmachungen und vor die Aufforderung: »Gehet hin im Frieden des Herrn.«

Zum Beginn des Gottesdienstes

Vorbereitungsgebete und Sündenbekenntnis

Jürgen Frank

Die klassische Form des Sündenbekenntnisses beginnt entweder mit den Eröffnungsformeln
»Im Namen des Vaters ...« oder *»Unsere Hilfe ...«*.
Es folgt in knapper Formulierung das Sündenbekenntnis:
»Vor Gott bekennen wir ...«
oder eine Aufforderung zum Sündenbekenntnis:
»Laßt uns vor Gott bekennen«.
Inhaltlich kann der gleiche Sinn individueller, zeitnaher auch in anderen Worten ausgedrückt werden, z.B.
»Herr, unser Gott, vor dir gestehen wir es ein:«
Nun folgen Konkretionen, die z.B. auf das Thema des Sonntags oder ein aktuelles Ereignis bezogen sein können.

Dies könnte *z.B.* am *Erntedanktag* bedeuten:

Manchmal, Gott,
sind unsere Hände geschlossen
und unsere Lippen zusammengepreßt.
Was wir gesammelt, geerntet und geschaffen haben,
wollen wir für uns behalten,
und gute Worte sagen wir nicht weiter.
Die Kraft, die wir einsetzen,
und den Erfolg unserer Arbeit

schreiben wir uns selber zu.
Wir vergessen,
daß wir unsere Hoffnungen
und vieles, was uns tröstet,
anderen verdanken.

Stille

Herr, vergib uns unsere Gedankenlosigkeit
und unsere Verschlossenheit,
die uns daran hindert, dankbar zu empfangen
und großzügig zu geben.

Den Abschluß des Sündenbekenntnisses bildet also die Bitte um Vergebung.
Eine andere Möglichkeit für den Abschluß wären die Bitte um Vergebung mit anschließendem Zuspruch der Vergebung. Beides erfolgt meist in geprägter liturgischer Sprache:
»Der allmächtige Gott erbarme sich unser«
»Der allmächtige Gott hat sich unser erbarmt.«

Wie auch alle übrigen Gebete des Gottesdienstes können sich die Sündenbekenntnisse am Thema oder am Leitmotiv des Gottesdienstes orientieren. Gewonnen werden können solche Themen und Leitmotive sowohl durch den Bezug auf das Kirchenjahr, den besonderen Charakter des Sonntags, den Predigttext oder aktuelle Ereignisse.

Zunächst ein eher *allgemein formuliertes Sündenbekenntnis*, das die klassische Struktur gut erkennen läßt:
Laßt uns vor Gott unsere Schuld bekennen.
Wir haben gelebt, ohne an Gott zu denken.
Wir haben Entscheidungen getroffen,
ohne nach ihm zu fragen.
Unsere Not wollten wir alleine tragen,
ohne seinen Trost zu suchen.
Wir bringen in der Stille vor Gott,
was uns niederdrückt: – – –
Gott, wir bekennen,
daß wir dich losgelassen haben in unserem Leben.
Wir bitten dich: Erbarme dich über uns,
und vergib uns unsere Schuld.

In alltagsnaher Sprache enthalten Sündenbekenntnisse ein Angebot zur Identifikation, ohne die klassische Grundstruktur zu verlassen:

Was bringen wir mit in diesen Gottesdienst:
Dank, Zufriedenheit,
Frust, Versagen,
Ängste, Verletzungen,
Verzweiflung, Hoffnung?
Wir nehmen uns Zeit
– jede und jeder für sich –
darüber nachzudenken.
Stille
Nimm von uns Gott, was uns belastet,
und hilf, daß wir mit befreitem Herzen dir dienen
und erleichtert dich loben. Durch Jesus Christus, unseren Bruder.

Oder ein anderes *Beispiel zu dem Motiv »Licht und Schatten«:*

Ingrid Kutzbach

Gott, unser Vater,
mit Licht und Schatten sind wir geschaffen.
Wir haben Eigenschaften, die uns froh und dankbar machen.
Und wir haben Züge, die sind uns verleidet –
so sehr, daß wir uns ihrer schämen.
Wir verstecken sie, wo wir können,
auch vor uns selbst.
Aber sie folgen uns wie ein Schatten, den wir nicht loswerden.

Du, für den die Nacht leuchtet wie der Tag:
Gib uns den Mut, uns in dein Licht zu stellen,
vor deinem Angesicht unseren Schatten anzuschauen,
jetzt in der Stille: – – –

Wir glauben, du liebst uns mit allem, was uns freut,
und mit allem, was uns beschämt.
So können wir Ja sagen zu uns selbst,
einander annehmen
und leben aus dem Geist Jesu, deines Sohnes.

Auch für die *Sündenbekenntnisse nach der Predigt (Offene Schuld)* orientieren wir uns zunächst an einem *Grundtyp*, der aus dem Nürnberg des 16. Jahrhunderts stammt:
Allmächtiger Gott, barmherziger Vater!
Ich armer, elender, sündiger Mensch
bekenne dir alle meine Sünde und Missetat,
die ich begangen mit Gedanken, Worten und Werken,
womit ich dich jemals erzürnt

und deine Strafe zeitlich und ewiglich verdient habe.
Sie sind mir alle herzlich leid und reuen mich sehr.
Darum bitte ich dich
um deiner grundlosen Barmherzigkeit
und des unschuldigen, bitteren Leidens und Sterbens deines Sohnes Jesu Christi willen:
Sei mir armem, sündhaften Menschen gnädig und barmherzig,
und vergib mir meine Sünde.

An dem Leitfaden dieser Gedankenführung entlang lassen sich auch *aktuelle Sündenbekenntnisse* formulieren. Sie beginnen in der Regel mit dem Eingeständnis der Schuld, deren Facetten unterschiedlich differenziert ausgestaltet werden, um dann in eine Bitte um Vergebung einzumünden.

Beispiel:

Winfried Müller

Wir bekennen vor Gott, dem Allmächtigen,
und voreinander unsere Schuld:
Wir sind oft stolz
und vergessen zu danken.
Wir sind oft glücklich
und versäumen es, andere glücklich zu machen.
Wir nehmen oft gierig
und vergessen, zu teilen und zu geben.
Wir sind schnell verzweifelt
und vergessen zu hoffen.
Wir sind schnell ängstlich
und verlieren den Mut.
Wir sind schnell gleichgültig
und gehen an anderen vorüber.
Wir sind schnell feindselig
und vergessen, einander zu lieben.
Herre Gott erbarme dich.
Gemeinde: Herre Gott erbarme dich …
Gott spricht: »Ich will vergeben
und deiner Sünde nicht mehr gedenken.
Ich habe dich je und je geliebt; darum habe ich dich zu mir gezogen aus lauter Güte.«

Die *Verknüpfung des Sündenbekenntnisses mit dem Kyrie-Ruf* und die Praxis, auf das Eingangsgebet das *Gloria* folgen zu lassen, sind tastende Versuche, diesen liturgischen Stücken durch die vorauslaufenden Texte einen sofort einleuchtenden Sinn zu geben. Es ist also eine pädagogische Intention, die hier wirkt. Sie nimmt das Unbehagen der Gemeindeglieder am

Sündenbekenntnis zu Beginn des Gottesdienstes auf. Liturgiegeschichtlich bedeutet dies allerdings eine Verkümmerung. Der Kyrie-Ruf ist ursprünglich eine Akklamation der Herrschaft Jesu und darum mehr als die Bitte um Erbarmen, die auf ein Schuldbekenntnis folgt. Es ist der auferstandene Kyrios, der hier nicht nur angerufen, sondern auch demonstrativ ausgerufen wird – angesichts des Elends dieser Welt und als Protest dagegen. Auch das Gloria ist mehr als der Gnadenzuspruch nach erfolgtem Sündenbekenntnis. Es ist das Einstimmen der Gemeinde in den Lobpreis der Engel und somit einer der wenigen Anlässe im Gottesdienst, bei dem Gott nicht in der Perspektive der Bitte oder des Danks angeredet wird. Diese ohnehin nur schwache Erinnerung an die erhoffte endgültige Verherrlichung der ganzen Schöpfung verblaßt völlig, wenn das Gloria auf den Gnadenzuspruch reduziert wird.

Bußgebete

Zum Advent

Bärbel Schäfer-Goetz

»Siehe, dein König kommt zu dir!«
Jesus Christus, du Retter und Helfer!
Wir hören diese tröstlichen und verheißungsvollen Worte.
Du kommst in diese Welt mit ihrer Bosheit,
ihrer nackten Gewalt und ihrer nie endenden Not.
Du kommst in unsere Welt, in unser kleines Leben
mit seinen Abgründen, seiner Armut und seiner Ohnmacht.
Du kommst zu allen, zu Schwarzen und Weißen, zu Gebildeten
und Ungebildeten, zu Bedürftigen und Gesättigten.

»Siehe, dein König kommt zu dir!«

Wir hören diese tröstlichen Worte und bitten Dich:
Mache uns offen und bereit, dich zu empfangen.
Hilf uns, zuviel unnütze Geschäftigkeit abzulegen,
dem Konsumzwang zu entgehen.
Hilf uns, in dieser Adventszeit Ruhe und Begegnung
mit Dir zu finden.

Herr, erbarme dich!

Sonntag Rogate

Bärbel Schäfer-Goetz

Wir liegen vor Dir mit unserem Gebet, Herr.
Wir beten um Barmherzigkeit!
Weil unsere Welt alle ihre Grausamkeit und
Unbarmherzigkeit enthüllt.
Weil Menschen qualvoll sterben.
Weil andere in Angst und Schrecken leben
und wieder andere die große Vernichtung fortführen.

Wir liegen vor Dir mit unserem Gebet um Barmherzigkeit,
weil wir merken, wie schwach und tatenlos wir sind
angesichts dieser Not.
Weil wir der Not den Rücken kehren, wenn wir unsere
Hilflosigkeit spüren.
Weil der Alltag uns in Atem hält und uns zu wenig Raum läßt,
fürbittend an all die Menschen in Not zu denken.

Wir vertrauen nicht auf unsere Gerechtigkeit,
sondern nur auf deine große Barmherzigkeit.

Herr, erbarme Dich!

Ein pfingstliches Sündenbekenntnis

Bernhard von Issendorff

Wir feiern Pfingsten, den Geburtstag deiner Kirche,
daß doch wieder ein Brausen dein ganzes Haus erfülle
anstelle der Grabesstille und der Friedhofsruhe:
Ein Brausen des Lebens und der vielen Stimmen.
Wir feiern Pfingsten, den Geburtstag deiner Kirche,
daß doch der heilige Geist herabkäme auf dein ganzes Haus,
anstelle des Geistes der Trauer und der Mutlosigkeit bei uns:
Dein Geist der Lebendigkeit und der Verständigung der Vielen.
Wir feiern Pfingsten, den Geburtstag deiner Kirche,
daß doch dein Feuer einen jeden leidenschaftlich entzünde,

anstatt daß Asche der Müdigkeit bis zum Tode uns bedeckt:
Ein Feuer, das Leben schafft und sich nicht verzehrt.
Wir feiern Pfingsten, den Geburtstag deiner Kirche,
daß doch deine Predigt gehört werde von den Vielen,
als daß wir nicht hören, wie du nach uns rufst:
Deine Predigt für alle, ein Wort des Friedens über alle Grenzen.
Wir feiern Pfingsten, den Geburtstag deiner Kirche,
daß sich doch die Menschen verstünden von nah und fern,
anstatt sich fremd zu bleiben an heiligem Ort:
Eine Verständigung, die uns alle in Dir vereint.
Kyrie eleison!

Beichtgebet

Bernhard von Issendorff

Es ist mir so leid,
daß ich zurückgeblieben bin
hinter den Normen, die ich mir setzte,
daß ich mich schlecht fühlte
und schuldig an meinen Idealen.

Es ist mir so leid,
daß ich schuldig wurde
an den Ordnungen, die wir uns gaben,
daß man auf mich herabsah
und mich schuldig sprach unserer Zukunft.

Es ist mir so leid,
daß ich übertrat
die Grundordnungen, die du setztest,
daß ich mich sündig weiß
und schuldig deines Gerichts.

Du allein kannst mit freisprechen,
du kannst mir vergeben,
du kannst die Gemeinde veranlassen,
mich frei zu sprechen,
du kannst mir meine falschen Normen zurechtrücken.

Psalmen, Psalmlieder und Psalmvariationen

Das Spiel mit dem Psalter

Bernhard von Issendorff

Saul und David – vom heiligen Spiel

Unter den vielen Unterschieden zwischen Saul und David, die in exegetischer Arbeit sorgfältig herausgearbeitet wurden, ist dieser wenig beachtet: David ist der Spieler, Saul aber vertritt die furchtbare Ernsthaftigkeit, die bei ihm wie bei vielen anderen Menschen in Melancholie umschlägt. Das Spielen Davids umfaßt sein ganzes Leben, es schließt ausdrücklich auch das Heilige ein. Er singt geistliche Lieder, gib für offizielle Anlässe Dichtung und Musik in Auftrag, er tanzt selbst vor der Bundeslade, dabei ist er nicht Saul Charismatiker, er taucht nicht ein in die Ekstase. Die Ekstatiker, wie man an Saul sehen kann, gehören auf die Seite der Ernsthaften. Dem Trance fehlt jede Form des Spielerischen. Gerade in der religiösen Ernsthaftigkeit scheitert Saul. Nicht Nachlässigkeit im religiösen Leben ist ihm vorzuwerfen, sondern Übereifer. Es ist seine Ernsthaftigkeit, die ihn am Ende aller Kommunikation beraubt – und als er schließlich zur Totenbeschwörerin von Endor gehen muß, muß er sein eigenes Gesetz brechen, das er aus religiösem Eifer aufrichtete, weil er keinen Sykretismus erlauben konnte, ein Zeichen der Intoleranz gegen den Aberglauben. Übrigens mit intoleranter Verfolgung hat man dem Volksaberglauben noch nie zu Leibe rücken können.

Mit Recht stellt sich die Tradition David als einen Schöpfer vieler Psalmen vor. Keiner ist je auf ein Einfall gekommen, gleiches von Saul anzusagen. Die spätere Entwicklung hat dann gern die Autorität Salomos genutzt. David war bereits zu sehr mit dem Goldgrund der Ikonen versehen, um noch mit dem wirklichen Leben in Beziehung zu stehen. Ursprünglich war Salomo mehr mit der Weisheit denn mit dem Lied und der Dichtung verbunden. Doch gehören Weisheit und Poesie zusammen; hier sind nicht Trennungen und Grenze festzuhalten, sondern Beziehungen und Übergänge auszumachen. Salomo ist ein Beispiel, wie Weisheit kreativ genutzt wird. David und Salomo stehen im Vater-Sohn-Verhältnis, sie ergänzen einander. Anders als die anderen Söhne hat Salomo nie versucht, seinen Vater vom Thron zu vertreiben.

Das Spiel ist nicht der Frevel gegen das Heilige, sondern der allein dauerhaft mögliche Umgang mit dem Heiligen. Das Spiel respektiert die Spielregeln und weiß doch, daß die Regeln kündbar sind. Im Spiel akzeptiert der Spieler, daß es ein Spielende gibt, gerade dies könnte der Lebensernst niemals zugeben. Die Welt des Spiels ist nicht die ganze Welt, das Spiel läßt hinter und um sich andere Welten zu. Wo das Spiel zur Sucht wird, da verdrängt das Spiel alle anderen Welten, wird zur einzigen Welt des Spielers, der damit tödlich erkrankt ist, denn er ist eingefangen.

Der Psalter als Einladung zum Spiel

Wie kein anderes Buch ist der Psalter eine Einladung zum heiligen Spiel. Es ist durch nichts anderes entstanden als darin, daß Menschen Situationen ihres Lebens als Einzelne oder als Mitglieder eines Volkes, als König, als Angeklagter vor Gericht im Gebet und im Lied bedachten, Andere diese Lieder aufnahmen und tradierten und dabei ergänzten und fortschrieben, auf neue Situationen umformten. Auch aus dem Liedgut anderer Völker nahm man Texte auf (von den Melodien wissen wir leider nichts mehr), formten sie um, dies konnte aggressiv geschehen, geschah aber auch sicherlich, um immer neue Verbindungen anzubahnen. Man nahm synkretistisch das zum Eigenen erweiterte Fremde auf. Phasen der Anpassung und Phasen der Abstoßung haben in der langen Geschichte der Gestaltung des Psalters – wie bei anderen Dichtungen – abgewechselt.
Als die Sammlung des Psalters abgeschlossen war, hörte die Arbeit mit den Psalmen nicht auf. Sie wurden in den Liturgien verwandt, sie werden in der Literatur zitiert und in Predigten ausgelegt. Es werden aber auch weiterhin immer wieder neue Psalmen geschrieben und in eigenen Sammlungen tradiert. Oft sind sie von den Psalmen des Psalters formal und inhaltlich angeregt, setzen sich aber nun mit ihrer Zeit, den fremden Weltbildern und Göttern auseinander.
Es ist deshalb kein Zeichen prophetischer Kühnheit, wenn ich behaupte, die Arbeit an den Psalmen, das Spiel mit ihnen wird nicht zuendegehen, solange diese Welt ist, ja, wenn wir von Psalmen singenden Engeln sprechen, dann behaupten wir, daß der Psalter und die Arbeit mit den Psalmen auch diese Erde überleben wird, weil sie auch der anderen, der transzendenten Welt angehören. Wer den Psalter mit dem Leben aufnimmt, kann ihn nicht nur wiederholen, sondern er nimmt das Spiel auf, das seit dem ersten Psalm vor Gott von Juden und Christen und sicher auch meist unbewußt von vielen Heiden gespielt wird. Die bewegende Kraft, die im Psalter steckt, vermittelt sich dem, der mit den Psalmen lebt.

Psalmen im Gottesdienst

Ich kann mir keinen christlichen Gottesdienst vorstellen, der ohne die Psalmen auskommen kann. Eine Fülle von hervorragenden Texten steht zur Verfügung, durch viele Generationen begangen und dadurch sowohl geläutert wie auch bereichert. Eine oberflächliche Aussage wird in der Überlieferungsgeschichte untergehen, nur durch Leben gedeckte Weisheit hat Aussicht auf Bestand. Ein christlicher Gottesdienst, der auf die Psalmen verzichtet, trennt sich von seinen jüdischen Wurzeln ebenso wie von seiner eigenen reichen christlichen Tradition.

Jedoch sind die Psalmen nicht nur Bestandteil des Gottesdienstes, sie bilden Gottesdienste ab, wie die Torliturgie von Psalm 24, sie stehen auch heute noch für ganze Gottesdienste. So wird es deutlich, wenn wir unsere eigenen gewohnten liturgischen Stücke einfügen in einen alten Psalm. Als Beispiel einer Liturgie bis zur Predigt steht hier Psalm 8. Ps 8,2, der Hymnus, wird aufgenommen mit dem »Ehr sei dem Vater«, den Vers 3 beantworten wir von der Gemeinde mit dem Kyrie; die Verse 4–6 fordern unser »Ehre sei Gott in der Höhe«; auf Verse 7–9 antworten wir mit unserem Amen und beschließen die Psalmliturgie mit einem Halleluja nach Vers 10.

Psalmen in anderen Verwendungen

Doch nicht nur für den sonn- und feiertäglichen Gottedienst und für das Stundengebet ist der Psalm unverzichtbar. Für die Eröffnungsliturgien von Sitzungen kirchlicher Gremien, Kirchenvorstände und Synoden, Ausschüsse und Kommissionen. Psalmen dienen für die Liturgien der kirchlichen Unterweisung, sei es der Konfirmandenunterricht oder die Erwachsenenbildung. Viele Anlässe fordern einen geistlichen Einstieg. Da die Psalmen sehr viele Situationen des menschlichen Lebens bedenken, können sie uns Verse für fast alle Anlässe bieten, auf jeden Fall geben sie Anregung zur Bearbeitung für den jeweiligen Anlaß.
Besonders wenn eine direkte Frömmigkeit nicht angebracht wäre, hören die Psalmen nicht auf, sinnvolle Hilfestellung zu geben. Das rührt unter anderem daher, daß wir neben Psalmen, die Gott direkt ansprechen, andere finden, manchmal im selben Psalm, wo über Gott gesprochen wird, da wird von Gott in der dritten Person gesprochen, dagegen das Volk oder die Frommen, aber auch der Kosmos und Teile der Natur angesprochen.
Den Vergleich mit anderen Stücken der Weltliteratur müssen die Psalmen keineswegs fürchten, da können sie gut bestehen.
Weil die Psalmen weltweit von Juden und Christen gelesen, gebetet und gesungen werden, deshalb ist es sehr sinnvoll, diesen internationalen Charakter aufzunehmen und die Psalmen bewußt in eine Mehrsprachigkeit zu versetzen. Eindrücklich war es mir, wenn wir bei internationalen Treffen einen Psalm reihum Vers für Vers jeweils in der eigenen Muttersprache lasen und beteten. Gewiß, Jesus sprach hebräisch, als er am Kreuz Psalm 22 betete, schon Matthäus und Markus überliefern dazu die griechische Übersetzung. Die römisch katholische Verwendung der Vulgata hat die lateinische Übersetzung weltweit gemacht (freilich in der Zählung heißt es nun Psalm 21) »Deus, deus meus – respice me: quare me dereliquisti«, wie ganz anders klingt das. Doch erst im Spanischen und Portugiesischen wird es zum Leidenspsalm in der dritten Welt, wird deutlich, Jesus betet mit und für die Landlosen, die Sklaven, die Ureinwohner, die dezimiert und vertrieben werden. Im russischen Text werden die Gebete aus dem Archipel GULAG hörbar.

Der Psalm für den Einzelnen

Doch neben der gottesdienstlichen und der Verwendung für die Andacht im nichtöffentlichen Rahmen gehört der Psalter in die Hand, den Mund und das Herz des Einzelnen. Die Psalmen sind mehr und mehr zum eigenen privaten Gebets- und Meditationsbuch geworden. Und häufig lasse ich mich ohne eigenes Ziel mal hier und mal da lesend durch den Psalter treiben, bis ich dann an einem Vers, einem Abschnitt oder gar einem ganzen Psalm verweilend hängen bleibe.

Ich entdecke, daß Psalmen sich selbst interpretieren, wenn sie mit einem Psalmwort als Strophenrefrain gegliedert werden. Diese Technik kannte schon der hebräische Psalter. Durch den Antiphon hat diese Bearbeitungstechnik eine besondere Verfeinerung erfahren. Der Antiphon muß nicht aus dem Psalter selbst genommen sein, er interpretiert auch mit neutestamentlichem Wort, wie auch der Psalm das neutestamentliche Wort. Nun müssen wir uns nicht auf biblische Worte beschränken; Worte, Versteile aus dem Gesangbuch, aber auch aus der Literatur können genutzt werden. Wenn wir theologisch verstehen, daß der biblische Kanon prinzipiell offen ist, dann kann es für diese Spielworte mit dem Psalter keine Einschränkung geben.

Wer einmal den Kontext Psalm und die Überschriften einer Tageszeitung hergestellt hat, der entdeckt, wie die Zeitung den Psalm konkretisiert, wie der Psalm unsere in der Zeitung dargestellte Wirklichkeit reflektiert und vor Gott stellt, ins Gebet nimmt. Auch diese Technik ist biblisch zentral belegt, so verwenden Markus und Matthäus den Psalm 22 und die Passion Jesu als sich gegenseitig interpretierender und reflektierender Kontext.

Wenn die Psalmen zum Kontext der Zeitungsüberschriften werden können, dann können sie mir auch helfen, meine eigene Lebenssituation zu interpretieren, sie können mir das Gericht für meine Gottlosigkeit und Irrung ansagen, sie können mich aber auch in meinen Schmerzen, Sorgen und Unrechtserfahrungen trösten, aus meiner Melancholie herausrufen.

Die Psalmen und das Problem der Enteignung

Es ist nicht mehr umkehrbar: Das Gebets- und Gesangbuch Israels ist zu einem Eigentum der ganzen Welt geworden. Das ist wohl auch sehr gut so, denn die Psalmen haben viel dazu beigetragen, den Glauben an den einen Gott, den Gott Abrahams, Isaaks und Jakobs, in der Welt zu verbreiten und später auch die Menschen darin festzuhalten. Der Psalm 23 bleibt religiöser Besitz auch derer, die sich von den Religionen verabschiedet haben. Die Psalmen haben positive missionarische Kraft. Positiv nenne ich ihre Kraft, weil sie den Hörern nicht aufzwingt, dennoch den Sänger und Beter verändert. Doch der kreative und lebendige Umgang mit den Psalmen ist nicht immer respektvoll gewesen. So wie Israel Ägypten oder den kanaanitischen Kulten Lieder entrissen und sie für sich veränderten (aus vielen

Göttern wurde einer, aus Baal wurde der Gott Israels, aus dem Pharao der Messias), so haben die Christen in ihren Psalmbearbeitungen trinitarische Formel und christologische Stücke und Hinweise auf Jesus eingetragen. Der lebendige Umgang achtet nicht die geistigen Eigentumsrechte der Urheber. Wir können und dürfen nicht so tun, als gehörten uns die Psalmen, wir dürfen die ersten Sänger und Beter nicht verdrängen, aber wir dürfen uns zu ihnen stellen. Wir dürfen auch sagen, wie wir die Texte für uns verstehen, weil wir sie nun auch mit unseren Glaubenserfahrungen anreichern. Eine plumpe Gleichsetzung ist uns wohl nicht gestattet, aber es ist doch denkbar, weiter zu singen und zu beten, was da einst begonnen hat. Wir dürfen aus Israels Gotteserfahrung lernen und mit diesem Gott unsere Erfahrungen machen und diese in den Kontext der alten Erfahrungen stellen. Wir üben uns ein für die Lieder, die die Völker bei ihrer Zions-Wallfahrt singen werden.
Die Psalmen sind das Lob Gottes, polyphon, in vielen Sprachen aus vielen Kulturen, größer als nur einer religiösen Erfahrung verpflichtet, sie sind aber auch die Symphonie durch die Geschichte hin von den frühen Psalmen aus noch vorstaatlicher Zeit über die Psalmen, die Lukas sang, über die Gebete der Mönche und Nonnen, den Liedern der Synagoge und den Liedern auf den Baumwollfeldern der Südstaaten der USA bis zu uns heute.

Drei Variationen zu Psalm 1

Bernhard von Issendorff

1. ... sondern hat Lust am Gesetz des Herrn und sinnt über seinem Gesetz Tag und Nacht ...

Nicht so die Gleichgültigen,
die das Leben so nehmen wie es ist
und damit die Mächtigen bestätigen
und die Ohnmächtigen leiden lassen.

Nicht so die Überheblichen,
die alles besser wissen
und damit sich überlegen dünken
und die Schwächeren unterdrücken.

Nicht so die Unwissenden,
die den Reichtum des Lebens nicht kennen
und damit den Genießern den Genuß mißgönnen
und den Geschmacklosen das Feld überlassen.

... sondern hat Lust, die Bibel zu studieren
und nachzuforschen den Sinn eines jeden Wortes ...

Er hat sich entschieden mit Leib und Seele,
sich von Gott das Leben geben zu lassen
und damit die Schöpfung zu achten
und das Lebensrecht des Andern zu wahren.

Er ruht in sich, wie er in Gott wurzelt,
sich nicht treiben zu lassen, sondern anzunehmen
und auszuführen das Recht von Gott
und die Gerechtigkeit, die das Leben ermöglicht.

Er steht auf und geht seinen Weg,
sich nicht schrecken lassend von der Macht
und deshalb mitarbeitend an der Veränderung,
daß aus Trauer Freude, aus Leid Glück und aus Tod Leben werde.

... sondern hat Lust, der Geschichte Gottes nachzugehen
und selbst Erfahrungen zu machen mit diesem Gott ...

Das sind die Schriftgelehrten Gottes,
die die Geschichten Gottes kennen und erzählen
und damit das Leben erwecken in den Herzen
und eine Bahn in der Wüste bereiten dem kommenden Gott.

Das sind die Geliebten ihres Gottes,
die aus der Vergebung kommen und zur Erlösung gehen
und damit eine Richtung in ihrem Leben haben
und eine Hoffnung verbreiten vor sich her.

Das sind die Heiligen dieses Gottes,
die versöhnt sind mit dem Leben durch Gott
und damit ein Zeugnis ablegen für Gott
und ein Vorbild und Beispiel werden der Menschen.

... sondern hat Freude daran, daß Menschen Gott kennen
und breitet seine Freude aus wie einen Gabentisch ...

2. Psalm 1 – dreifach weitergeflochten

Wohl dem, der nicht wandelt im Rat der Gottlosen,
der dem Parlament nicht angehört, das den Kriegseinsatz befahl,
der nicht angehört den Gremien, die eine Kürzung der Sozialleistungen beschließen »müssen«,
der nicht im Aufsichtsrat des Fernsehens nach den Einschaltquoten schielt.
Wohl dem, der nicht tritt auf den Weg der Sünder,
dem die Karriere nicht vor Allem geht,
der nicht meint, daß für den Fortschritt Opfer gebracht werden müssen und diese von den Anderen verlangt,
dem die Ziele keine Mittel heiligen.
Wohl dem der nicht sitzt, wo die Spötter sitzen,
der nicht mitlacht, wenn Juden- und Türkenwitze erzählt werden,
den die Schadenfreude nicht zum Lachen reizt,
der den Untergebenen seine Macht nicht spüren läßt,
sondern hat Lust am Gesetz des Herrn,
an dem Wohlergehen der Geschwister,
am Schutz der Schwachen
und an der Vielfalt der Schöpfung,
und sinnt über Gottes Gesetz Tag und Nacht
und wirkt mit am Sozialnetz
und an der Humanität unserer Städte
und redet öffentlich zur Sache,
der ist wie ein Baum, gepflanzt an den Wasserbächen,
wie ein Haus, gebaut auf gutem Grund,
wie ein Wort, gesprochen mit Weisheit,
wie ein Weg, gegangen mit Bedacht,
er wird seine Frucht bringen zur rechten Zeit,
er wird Bestand haben in den Stürmen,
er wird gehört werden unter den Leuten
und wird sein Ziel sicher erreichen,
seine Blätter verwelken nicht,
seiner Taten muß er sich nicht schämen,
seine Werte kann man ihm nicht rauben,
seiner Hoffnung bleibt er gewiß.
Ja, was er macht, das gerät wohl,
was er plant, macht einen Sinn,
was er baut, bleibt bestehen,
was er sagt, du läßt es wahr werden.

Aber so sind die Gottlosen nicht,
so nicht die Machthaber, die Einflußreichen,
so nicht die, die öffentliche Meinung manipulieren.
Sie bestehen nicht im Gericht,
nicht vor der Geschichte,
nicht im Urteil der Armen,
nicht vor dem eigenen Gewissen.
Es bleiben die Sünder nicht in der Gemeinde der Gerechten,
die Eigensinnigen in dem Andenken der Gemeinschaft,
die Rücksichtslosen in der Kraft der Verantwortlichen,
die Ironischen im Kreis der herzlich Lachenden.
Der Herr kennt den Weg der Gerechten,
der Gottlosen Weg vergeht.

3. Psalm 1 als Sprechmotette

1 – Wir preisen die Menschen,
2 – die nicht wandeln im Rat der Gottlosen,
3 – die nicht meinen, das Leben sei käuflich,
2 – die nicht treten auf den Weg der Sünder,
3 – die ihre Karriere nicht für ihren Lebenslauf halten,
2 – die nicht sitzen, wo die Spötter sitzen,
3 – die nicht meinen, sie könnten sich den Eintritt ins Reich Gottes verdienen.
1 – Wir preisen vielmehr die Menschen,
2 – die ihre Lust haben am Gesetz des Herrn,
3 – die sich von ihm mit Leben beschenken lassen,
2 – die über seinem Gesetz murmeln Tag und Nacht,
3 – die sich dem Leben verpflichtet fühlen für jedermann.
1 – Die sind wie ein Baum, gepflanzt an den Wasserbächen,
2 – sie haben ihre Kraft von der Quelle des Lebens,
1 – die bringen ihre Früchte zu ihrer Zeit,
3 – sie mühen sich nicht vergeblich im Leben,
1 – Ihre Blätter verwelken nicht,
2 – ihr Leben bleibt sinnvoll auch in Krankheit und Alter,
1 – und was sie machen gerät wohl,
3 – der Segen Gottes ist mit ihnen, daß sie zum Segen werden.
1 – Aber so sind die Gottlosen nicht,
2 – die verlassen sich auf ihre eigene Kraft,
1 – wie Spreu vertreibt sie der Wind,
3 – ihre schnellen Gewinne verlieren schnell ihr Gewicht,

1 – darum können die Gottlosen nicht im Gericht bestehen,
2 – ihr Leben können sie nicht einklagen, wenn sie es verspielten.
1 – Die Sünder bleiben nicht in der Gemeinde der Gerechten,
3 – denn sie können Gottes Geschenke nicht annehmen.
1 – Der Herr kennt den Weg der Gerechten,
1+2 – der Gottlosen Weg vergeht.

Meditation zu Psalm 43

Kurt Dohm

Schaffe du, Gott, mir Recht.
Nimm du meine Sache in die Hand.
Sieh an, wie es zugeht in der Welt:
Wer Macht hat, hat auch das Recht.
Wer das Recht hat, schlägt damit auf andere ein.
Die einen nehmen sich alles raus,
die anderen nehmen alles hin.
Niemand ist da,
der dem Recht zum Recht verhilft,
Keiner, der den Mut hat,
für die Gerechtigkeit einzutreten.
Sieh an, Gott, wie unheilig
und falsch und böse
es zugeht in der Welt.

Das macht mich ganz traurig.
Ich bin sehr bekümmert und mutlos.
Ich fühle mich im Stich gelassen.
Selbst du scheinst
mich nicht mehr zu kennen.
Ich hatte mich doch
auf dich verlassen.
Du hast mir doch sonst
Kraft und Mut gegeben.

Sende dein Licht in diese dunkle Zeit,
laß deine Wahrheit aufstrahlen über mir.
Hilf mir, mein Haupt zu erheben
und wieder aufzublicken.

Laß mich dorthin gehen,
wo ich dich finden kann,
wo du deine Wohnung genommen hast.
Laß mich eingehen zu dir.
An dir möchte ich mich freuen.
Für dich möchte ich singen und spielen.

Wie bin ich so unruhig,
und wie ist meine Seele
so umhergetrieben?
Auf Gott will ich hoffen.
Ihm will ich danken.
Er ist ja meine Hilfe,
ist mein Gott.

Zu Psalm 104

Frank Niemann

Zunächst wird Psalm 104 in Auswahl gelesen (etwa Verse 1–5.10–18.24), dann treten mehrere Sprecherinnen oder Sprecher vor:

So wie in dem Psalm ist es nicht mehr.
Was Gott geschaffen hat, was er gut gemeint hat, wird bedroht von uns Menschen.
Vieles haben wir schon zerstört oder an den Rand der Zerstörung gebracht.
Was gut geschaffen war, darf nicht noch schlechter werden.
Deshalb klagen wir Gott das Leid der Erde, der Pflanzen und Tiere und bitten ihn:
Kyrie eleison, Herr, erbarme dich

Kyrie (aus Taizé oder ein anderes)

Gott, deine Erde ist bedroht.
Berge werden abgetragen,
die frischen Quellen sind nach kurzer Zeit verunreinigt,
Wolken und Winde werden zu Vorboten der Zerstörung.
Wir bitten dich:
Kyrie eleison, Herr, erbarme dich.

Kyrie …

Gott, deine Pflanzen sind bedroht.
Saurer Regen läßt die Blätter sterben, und saurer Boden schädigt die Wurzeln.
Millionen Quadratkilometer werden abgeholzt und verbrannt zu Rauch und Asche.
Viele der verschiedenen Arten sind schon ausgestorben und unwiederbringlich verloren.
Wir bitten dich:
Kyrie eleison, Herr, erbarme dich

Kyrie …

Gott, deine Tiere sind bedroht.
Millionenfach werden sie hin und her transportiert unter Qualen.
Millionenfach werden sie in zu kleinen Käfigen oder Ställen gehalten.
Immer mehr greifen wir in den Lebensraum der freilebenden Tiere ein.
Wir bitten dich:
Kyrie eleison, Herr, erbarme dich

Kyrie …

Liedmeditationen

Viele Psalmen dienten als Vorlagen für Choräle. Die Beterinnen und Beter eigneten sich die Sprach- und Gedankenwelt der Psalmen an, indem sie sie variierten und mit ihren Ausdrucksmöglichkeiten umspielten und einzuholen versuchten. Auf die gleiche Weise entstanden auch jene Lieder, die gesungene Gebete sind. In einem »Arbeitsbuch Gebete« haben darum Meditationen über Choräle einen unverzichtbaren Ort. Meditierend und betend wird entlang des vorgegebenen Textes und unter dem Eindruck der Musik der fremde Text »zurechtgesprochen«.

Pfingstgebet

unter Verwendung von Liedzeilen des Liedes »O komm, du Geist der Wahrheit«

Bernhard von Issendorff

O komm, du Geist der Wahrheit,
komm in deine Gemeinde und Kirche,
daß sie Zeugnis ablege von dir vor aller Welt,
komm in unser Planen und Handeln,
daß sie gesegnet seien für uns und alle Welt,
komm in mein Herz und meine Gedanken,
daß es wahr werde zwischen mir und aller Welt.
O komm, du Geist der Wahrheit.

Gieß aus dein heilig Feuer,
das Feuer, das erleuchtet und wärmt und nicht verzehrt,
das Feuer des Sinai und des Pfingstfestes.
Heilig ist es, weil es von dir kommt
und dein mildes Wesen vor uns offenbart.
Heilig ist es, weil es uns zu dir ruft
und uns Verstehen über alle Grenzen schenkt.
Gieß aus dein heilig Feuer.

Rühr Herz und Lippen an.
Komm im Lob zu uns, heiliger Geist,
daß wir Psalmen und Choräle singen,
komm in der unvergänglichen Freude zu uns,
daß wir tanzen und spielen vor dir.
Komm zu uns in dem Mut des Lebens,
daß wir Trauer verwandeln und Leid überwinden.
Rühr Herz und Lippen an.

Komm zu uns, werter Tröster:
Paraklet zugesagt uns vom Heiland,
daß wir nicht verlassen seien vom Himmel.
Paraklet verheißen vom Sohn Gottes,
daß wir den irdischen Mächten begegnen können.
Paraklet erfüllt im Pfingstwunder,
daß wir die fremden Geschwister verstehen:
Komm zu uns, werter Tröster.

O öffne uns die Herzen.
Komm in die Fragen der Kinder,
daß wir ihnen die Geschichten des Heils erzählen.
Komm in die Lieder der Freude,

daß wir singen, wie gut du es mit uns meinst.
Komm in die Worte der Lehrer,
daß die Steine von unserer Seele fallen.
O öffne du die Herzen.

»Nun ruhen alle Wälder«

Meditationsgebet mit Orgelmusik über ein Abendlied

Klaus Zillessen

Orgelvariation

Besinnung 1
»Nun ruhen alle Wälder,
Vieh, Menschen, Städt und Felder,
es ruht die ganze Welt ...«.
Endlich will Ruhe einkehren,
endlich nimmt der Lärm des Tages ab,
der Lärm der Straßen und Werkhallen,
das Geschrei der Schulhöfe und Parlamente,
das Dröhnen der Motoren, Transistoren und Lautsprecher,
endlich Ruhe,
nach all der Hektik und Betriebsamkeit des Tages,
endlich darf auch ich zur Ruhe kommen, du mein Gott,
zur Ruhe aus der Unruhe meines Lebens,
endlich darf ich ausruhen,
Ruhe finden am Feierabend,
die Wohltat des 7. Schöpfungstages genießen,
Ruhe, die du, Gott, mir gewährst.
Hab Dank dafür. –
Ich will zur Ruhe kommen,
zur Stille, aus der du sprechen willst,
dem sanften stillen Sausen
nach all den lauten Stürmen und Erschütterungen,
das sanfte stille Sausen, aus dem deine Worte
wohltuend vernehmbar werden,
Herr, laß mich zu dieser inneren Ruhe finden,
selbst still werden,
wenn die Stille des Abends sich ausbreitet
und dann:

»Ihr meine Sinnen,
auf, auf, ihr sollt beginnen,
was eurem Schöpfer wohlgefällt«

Orgelvariation

Besinnung 2
Herr, ich bin müde,
müde von der Arbeit,
müde vom Reden der Menschen um mich her,
müde von den Wegen, die ich gegangen bin,
vermeintliche Gipfelwege, Talsohlen, Umwege, Sackgassen,
manchmal müde vom Leben,
müde des Aufderstelletretens,
müde der Unverbesserlichkeit,
des Schuldigwerdens und des Versagens,
müde davon, daß ich den Erwartungen und Anforderungen
nicht entsprechen kann,
lebensmüde.
Hab Dank, Herr, für den Schlaf,
Schlaf, Bild der letzten Ruhe,
Gleichnis des Todes –
Herr, hab Dank, daß ich vom Schlaf wieder aufstehen darf,
neu anfangen darf morgen früh
und dann einmal nach dem letzten Schlaf
neues Leben erwarten darf
in der Ewigkeit,
wo die Sonne mir neu scheinen wird,
die Sonne deiner Gnade.
Mag jetzt die Sonne untergehen –
»Fahr hin, ein ander Sonne,
mein Jesus, meine Wonne,
gar hell in meinem Herzen scheint«

Orgelvariation

Besinnung 3
»Breit aus die Flügel beide,
O Jesu, meine Freude,
und nimm dein Küchlein ein ...«
Herr, bin ich bereit, mich dem Schutz deiner Flügel
anzuvertrauen?

»Wie oft hast du uns versammeln wollen
wie eine Henne ihre Brut unter ihren Flügeln –
aber wir haben nicht gewollt« (Lk 13,34)
Ich will mich verlassen auf dein Wort, Herr,
»Du wirst mich mit deinen Fittichen decken
und Zuflucht werde ich haben unter deinen Flügeln.« –
Breit aus die Flügel beide
über mich,
und über alle Menschen, die mir lieb und teuer sind,
beschütze sie, die ich nicht schützen kann,
weil meine Möglichkeiten so gering sind,
mein Arm so weit nicht reicht.
Breite deine Flügel aus
auch über alle, die ich vergaß
und über die, von denen ich nichts weiß –
und die dir doch lieb und teuer sind.
Breit aus deine Flügel über mir,
damit ich an neuem Tage selbst beflügelt bin,
beflügelt zu neuem Tun, neuem Mut, neuem Vertrauen.
»Du, Herr, gibst den Müden Kraft
und Stärke genug dem Unvermögenden.
Die auf den Herrn hoffen,
kriegen neue Kraft,
daß sie auffahren, beflügelt wie Adler«

Orgelvariation

Schlußsegen (Psalm 121)
Der dich behütet, schläft nicht,
siehe, der Hüter Israels schläft noch schlummert nicht,
der Herr behütet dich,
der Herr ist dein Schatten über deiner rechten Hand,
daß dich des Tages die Sonne nicht steche
noch der Mond des Nachts,
der Herr behütet dich vor allem Übel,
er behütet deine Seele,
der Herr behütet deinen Ausgang und Eingang
von nun an bis in Ewigkeit. Amen.

»Brich uns Herr das Brot«

Gebetsmeditation mit Orgelmusik über das Lied »Brich uns, Herr, das Brot« für einen Abendmahlsgottesdienst

Klaus Zillessen

Die Orgel spielt die Melodie des Liedes

Unterwegs sind wir
unterwegs mit unsren Ratlosigkeiten
ratlos wie es weitergehen soll
mit uns
mit unsrer Ehe
mit unsren Kindern
mit unsren Zukunftsplänen
mit unsrem Älterwerden
unterwegs mit unsern Enttäuschungen
enttäuscht über uns selbst
über andre
enttäuscht über Gott
unterwegs mit unsern gekreuzigten Hoffnungen
unterwegs mit den Verlusten die wir erlitten haben
allein
trotz der Menschen um uns
alleingelassen von Gott
ohne ihn, der helfen könnte –

So waren schon einmal zwei unterwegs
von Jerusalem nach Emmaus
auch sie ratlos enttäuscht verstört
voller geheimer uneingestandener Ängste
auch ihre Hoffnung gekreuzigt gestorben und begraben
auch sie sahen nichts von Gott
    hörten nichts von Gott
    schmeckten nichts von Gott
Traurig – hoffnungsloser Stillstand –
wie solls weitergehen
Da sind zwar noch andre neben uns
aber was können sie und wir schon andres austauschen
als unsre bitteren Erfahrungen
unsre Enttäuschungen
schwacher Trost daß es dem andern auch nicht besser geht als mir
daß jeder seine Last zu tragen hat

Solidarität der Hoffnungslosigkeit –
Wir halten inne
Wie solls weitergehen

Orgelvariation 1 »da blieben sie traurig stehen«

Aber dann hatte sich einer ihnen zugesellt
den beiden auf dem Weg nach Emmaus
unerkannt von ihnen
hatte zu ihnen gesprochen
gute Worte
Worte von Gott her
Worte zu Gott hin
Worte eines der sie verstand
Worte die ihnen Verstehen öffneten
nur einen Türspalt weit
aber genug daß ein Hoffnungsfunke aufglimmen konnte
genug daß dieser Funke nicht verlöschen konnte
ein Wunsch aufflammte
zur Bitte wird
zum Gebet
Herr bleibe bei uns
jetzt wo es Abend wird
wo Schatten und Dunkelheit uns streifen
wo der Tag zu Ende gehen will
Herr bleibe bei uns –
– und er war geblieben
war mit ihnen ins Haus gegangen
hatte ihnen das Brot gebrochen
ihnen das Danken neu vorbuchstabiert
sie seiner Gemeinschaft versichert
sie mit neuem Lebensmut neuer Freude erfüllt

Herr
immer wenn wir enttäuscht hoffnungslos mutlos traurig sind
dann komm so auch zu uns
du den wir verloren hatten
den wir vergessen hatten
den wir nicht mehr kannten
der uns gekreuzigt gestorben und begraben war
dann komm zu uns
sprich mit uns
zünde den Funken in uns an
laß uns Feuer fangen

das Feuer deines Geistes
das Feuer neuer Hoffnung
geht mit uns
und bleibe bei uns
und

Brich uns Herr das Brot
wie den Jüngern beiden
die wir Angst und Not
auf dem Wege leiden
daß wir dich erkennen
dich mit Namen nennen
vor dir brennen

Orgelvariation 2 »Herr bleibe bei uns«

Wenn wir dies Wunder doch auch erlebten
das Wunder daß er dabei ist
das Wunder angenommen zu sein und geliebt zu bleiben
das Wunder daß einem verziehen ist
das Wunder mit ihm zusammenzugehören
trotz allem
denn

keiner ist es wert
daß er sich vereine
ob ers hoch begehrt
deinem Brot und Weine
Wunder unergründet
das in Wunder mündet
uns entsündet

Herr
laß uns dies Wunder auch erleben
das Wunder der Hochzeit von Kana
daß aus Wasser Wein wird
aus dem faden abgestandenen Wasser unsres mühseligen Alltags
der köstliche Wein eines neuen Sonnentages eines Auferstehungstages

Laß uns dies Wunder doch auch erleben
daß aus dem salzigen bitteren Wasser unsrer Tränen
der kräftige klare Wein der Freude wird
daß aus dem brackigen faulen Wasser unsrer gestorbenen Hoffnungen
und unsrer Schuld
die kräftige Erquickung neuer Ermutigung wird
Lebendigkeit Freude springlebendige Freude
gemeinsame Freude
an deinem Tisch

Wasser ward zu Wein
deinem Wink und Walten
Also wird es sein
wo wir gläubig halten
Wein und mehr denn Weines
Brot und dennoch keines
Meister deines

Orgelvariation 3 »brannte nicht unser Herz«

Gestärkt und erfrischt gehen wir unsern Weg
den Weg mit dir Herr
und den andern neben uns
und immer wieder stehen an diesem Weg Herbergen
mit einem Tisch
an den du uns einlädst
das Brot brichst
stehen Brunnen
wo du schöpfst
und uns den Becher reichst
End und Anbeginne
Bronnen der nicht altet
gib daß jeder Sinn
sich dir zugestaltet
Weinstock deiner Reben
drin wir weben
Weg und Leben
Und jedes Brot von deiner Hand gebrochen
jeder Weinbecher an deinem Tisch gefüllt
ist Versprechen für das Ziel des Weges
Einladung zur letzten Hochzeitsfeier
Verheißung der letzten großen Festfreude die nicht endet
Freude in die alles einmündet
unser Bitten
unser Hoffen
unser Leben und Sterben
all unsre Wege
Wahrer Mensch und Gott
der am Holz gehangen
Leben aus dem Tod
hilf daß wir erlangen
die zur Hochzeit kommen
liebreich angenommen
deine Frommen

Erstgeborener Mund
mach uns ungesehen
das Geheimnis kund
drin wir sind und stehen
heil durch deinen Namen
als dein Volk und Samen
ewig   Amen

Orgelvariation 4 »der Herr ist wahrhaftig auferstanden«

Anrufungen

Aufforderungen zu Bittruf und Lobpreis

Kyrie und Gloria

Da in den Gottesdienstgemeinden nicht vorausgesetzt werden kann, daß die liturgiehistorischen Bedeutungen des Kyrie und des Gloria bekannt sind, versucht man deren Gehalt durch Hinführungen verständlich zu machen. Es ist auch die Frage, ob eine Belehrung über ihren theologischen Sinn dem liturgischen Erleben eine größere Tiefe gäbe. Liturgie lebt in ihrer Plausibilität von der gegebenen unmittelbaren Beziehung zu den alltäglichen Lebensvollzügen. Insofern ist es legitim, die vorgegebenen Formen mit Alltagserleben zu speisen. Verbreitet sind inzwischen in unterschiedlichem Sprachstil eingeleitete Aufforderungen. Ihre Aufgabe ist es, Gründe zum Klagen und zum Loben zu benennen.

Beispiel für den Erntedanktag **Christian Zippert**

Wir danken Gott
für die Ernte auf den Feldern,
für den Ertrag unserer Arbeit.
Wir wissen, daß wir ihm unseren Dank oft schuldig bleiben
und gedankenlos hinnehmen,
was uns geschenkt ist.
Wir bitten um Vergebung und rufen:
Herr, erbarme dich.

Gott gibt uns, was wir brauchen,
und mehr als wir brauchen.
Er läßt seine Sonne aufgehen
über Böse und Gute
und läßt regnen
über Gerechte und Ungerechte.
Er beschämt uns mit seiner Geduld.
Wir danken ihm für seine unbeirrbare Liebe
und singen:
Ehre sei Gott in der Höhe

Aufforderungen, die sich stark an den biblischen Sprachgebrauch anlehnen, insbesondere bei den Aufforderungen zum Lobpreis, finden sich neben Formulierungen, die bewußt den Sprachstil der jeweiligen Gemeinde aufnehmen. Typisch ist für beide Ausprägungen die Zentrierung durch ein Motiv oder Thema.

Gottes Barmherzigkeit
Laßt uns um Erbarmen bitten den Herrn,
dessen Barmherzigkeit kein Ende hat,
dessen Güte alle Morgen neu ist,
der den Elenden hört und vom Tode errettet.
Laßt uns rufen:
Herr, erbarme dich.

»Die Güte des Herrn ist's,
daß wir nicht gar aus sind;
seine Barmherzigkeit hat noch kein Ende,
sondern sie ist alle Morgen neu,
und seine Treue ist groß.«
Mit allen, die an ihn glauben, laßt uns singen:
Ehre sei Gott in der Höhe
Karl-Bernhard Ritter

Jürgen Frank

Erleichterung
Unruhig ist unser Leben.
Aufgaben und Pflichten bedrängen uns.
Enttäuschungen und Sorgen lähmen unsere Kraft.
Die Zeit zerrinnt.
Wir bitten Gott um Erbarmen:
Herr, erbarme dich.

»Kommt her zu mir alle,
die ihr mühselig und beladen seid;
ich will euch erquicken«, sagt Jesus.
Er schafft uns Erleichterung, schenkt uns Zeit.
Mit allen, die an ihn glauben, lobsingen wir:
Ehre sei Gott in der Höhe.

Kyrie **Ulrike Trautwein**

Manchmal bin ich ängstlich und verzagt.
Wenn ich an die Wege denke, die vor mir liegen:
Keine Kraft in mir,
wie soll ich einen Fuß vor den anderen setzen
auf diesen steinigen Pfaden.
Ich sehne mich verzweifelt nach Sinn,
Sinn, der mir Kraft gibt,
Sinn, der mich den Boden unter den Füßen spüren läßt.
Komm du und bewege mich –
Christus erbarme dich.

Gloria

Jesus sagt zu den Menschen,
die keine Kraft haben, ihren Weg zu gehen:
Meine Kraft ist in den Schwachen mächtig.

Erfülltes Leben **Jürgen Frank**

Die wir das Leben wollen
und so viel Ungelebtes in uns tragen;
die wir das Leben lieben,
doch manchmal wie leblos erstarren
in Fragen und Sorgen und Angst;
die wir bei dir Leben suchen
und doch nicht genug haben –
wir bitten dich:
Herr, erbarme dich.

Gott hat es gesagt,
und es gilt:
daß wir Anteil haben sollen
an seinem Leben.
Ehre sei Gott in der Höhe.

Die Aufforderungen können allerdings auch die Form von Meditationen und Gebeten haben. Die Grenzen zu den Eingangsgebeten sind fließend. Dort, wo der Teil »Anrufungen« einen inhaltlich abgestimmten Spannungsboden bilden soll, kehrt das Thema in Variationen in den unterschiedlichen Gebetsformen wieder.

Enttäuschung **Jürgen Frank**

Gott, unser Vater,
wie oft verzagen wir
auf unverständlich dunklen Wegen,
wie oft zweifeln wir
und fragen nach Sinn.
Wie oft erfassen uns Zorn und Enttäuschung,
weil das Leben so ganz anders verlief
als wir es geplant hatten.
Wie oft überhören wir in dem Stimmengewirr
das Wort, das durchdringen will
zu uns.
Herr, erbarme dich.

Gott, unser Vater,
du bist Begleiter
und läßt es uns spüren,
dein Erbarmen.
Wir hören zu,
kommen zur Ruhe.
Deine Güte umkleidet unsere Unvollkommenheit,
verwandelt das Stückwerk in Fülle.
Wir können aufatmen und uns freuen.
Ehre sei Gott in der Höhe.

Frauensonntag **Bärbel Schäfer-Goetz**

Gott im Himmel und auf Erden,
Vater und Mutter, und alles –
Kraft und Liebe, Geist und Körper.

Vor dich bringe ich meine geheimen Gedanken,
meine Zweifel, Ängste, Bitten.

Vor dich bringe ich meine engen Grenzen,
meine kurze Sicht, mein kleines Stück Leben –
wandle es in Weite!

Vor dich bringe ich mein verlorenes Zutrauen,
meine Ängstlichkeit, mein verschlossenes Herz –
wandle es in Wärme!

Vor dich bringe ich meine Ohnmacht,
mein schwaches Selbstvertrauen,
alles, was mich beugt, lähmt –
wandle es in Stärke!

Herr erbarme Dich!

Gnadenspruch

Ich will das Verlorene wieder suchen und das Verirrte zurückbringen, das Verwundete verbinden und das Schwache stärken, spricht der Herr.
Ehre sei Gott in der Höhe!

Schöpfung

Entfaltetes *Kyrie-Gebet* im Eingangsteil des Gottesdienstes
(mit Taizé-Kyrie o.ä.) **Frank Niemann**

Du hast alles geschaffen, Gott. Auch uns, so wie wir sind. Alles, was ist, steht unter deinem Schutz.
Wir bitten dich: Erhalte uns und unsere Welt,
deshalb rufen wir zu dir:
Kyrie ...

Auf deinem Weg willst du uns vorangehen, Christus.
Wir brauchen vor allem deine Vergebung, damit wir immer wieder neu deine Wege finden.
Deshalb rufen wir zu dir:
Kyrie ...

Du willst uns zu neuen Menschen machen, Gott, Heiliger Geist.
Wir bitten dich: Sei in diesem Gottesdienst bei uns.
Laß uns, verschieden wie wir sind, zu deiner Gemeinde werden.
Deshalb rufen wir zu dir:
Kyrie ...

Frieden

Gebet
im Eingangsteil eines Friedensgottesdienstes
(von mehreren gesprochen) **Frank Niemann**

A: Herr, unser Gott,
mit unserem Gebet heute morgen kommen wir zu dir:
so wie wir sind,
ohnmächtig wie wir sind,
ängstlich, traurig, suchend.
B: Du hast einen Frieden ohne Ende verheißen
und eine neue Welt, in der Gerechtigkeit herrscht.
C: Mach deine Verheißung wahr,
schreite ein gegen Unrecht und Krieg,
erweise dich als Gott, der Frieden will und Frieden schafft.
A: Gib, daß wir dazu beitragen können.
Darum bitten wir dich im Namen Jesu Christi.
Amen.

Kollektengebete

Hannes-Dietrich Kastner

1.
Gott,
Ewiger:
Es wurde Nacht,
es wurde Tag,
du gabst mir Lebenszeit;
und auch das Tor zu diesem Augenblick
hast du mir aufgetan.
So –
reich bedacht mit Zeitgeschenken –
bin ich dabei,
im Hause meines Lebens
manches neu zu bauen –
und suche Hölzer, Steine,
guten Grund.
Ich bitte dich,
mein Gott,
daß mir der Umbau meines Lebenshauses nicht mißlinge.
Ein Haus auch Hauch nur – soll es sein,
wohl bergend,
aber doch auch offen:
ein Haus aus Freiheit und aus Frieden.
Die Skizze dieses Hauses laß mich finden
bei Christus,
meinem Herrn.
Amen.

2.
Gott,
du Urgrund allen Seins:
du hast der Welt eine Ordnung gegeben,
die beides kennt:
Wiederholung und Entwicklung,
Gleichbleibendes und Überraschung.
Wir danken dir für diese Lebendigkeit,
die uns wohl tut.

Auch wir selbst geben uns Ordnungen,
unserer Nacht und dem Tag,

der Arbeit und unserer freien Zeit,
der Mühe und dem Fest.

Gott,
wir bitten dich heute:
mische dich in unsere Ordnungen ein
und störe unsere Tagesordnungen,
wenn wir den äußeren Ordnungen mehr gehorchen
als den Inhalten, die sie bergen.
Störe uns,
damit wir das Leben nicht verschlafen,
die Freude, den Schrei und die Anfrage.
Störe uns,
damit wir aufleben
und leben
mit Christus, unserem Herrn.
Amen.

Bitte um Erbarmen

Berthild Boueke-von Waldthausen

Guter Gott,
2000 Jahre ist es her, daß Du auf unsere Welt gekommen bist.
2000 Jahre lang wird die Botschaft von Deiner Liebe unter uns verkündet.
Aber was hat sie ausgerichtet in unserer Welt und in unseren Herzen?

Du hast den Frieden gebracht – aber noch immer wütet der Krieg vor unserer Tür.
Du hast das Deine mit Menschen geteilt – aber wir wirtschaften so, daß Kinder verhungern, Völker verelenden, Landstriche veröden und unsere Seelen verkümmern.
Du hast Frauen aufgerichtet, geheilt und gewürdigt – aber noch immer werden sie erniedrigt, vergewaltigt und gedemütigt.
Wir wollen Christinnen sein und Dich in der Welt sichtbar machen – aber schon in unseren eigenen Familien türmen sich manchmal unlösbare Schwierigkeiten; in unserer eigenen Kirche geht es manchmal langweilig und trostlos zu; in unseren eigenen Herzen breitet sich Verzagtheit und Stumpfsinn aus, und unser Glaube scheint nicht gefragt zu sein.

O Gott, wie damals zur Zeit der Hanna stehen auch wir im Tempel herum und warten auf Erlösung. Wir bitten Dich: Gib Dich auch uns zu erkennen und löse uns Herzen und Zunge. Erbarme Dich unser.

Preisgebet einer alten Frauenhilfsfrau

Berthild Boueke-von Waldthausen

Guter Gott,
manchmal meine ich, alles in mir und um mich herum sei tot – aber dann wache ich morgens auf und spüre neuen Lebensmut in mir wie ein Geschenk.
Dafür preise ich Dich.
Manchmal fühle ich mich ganz allein und von aller Welt vergessen – aber dann kommt plötzlich ein Anruf, der mir zeigt: Ich bin geliebt.
Dafür preise ich Dich.
Manchmal bin ich abgelenkt und verwirrt und finde den Weg nicht zu mir und zu Dir – aber dann singen wir in der Gruppe gemeinsam ein Lied von Dir und ich weiß: Du bist mir nah und ich bin bei Dir.
Dafür preise ich Dich.
Manchmal zieht sich alles um mich zu und ich finde nicht durch vor lauter Angst – aber dann lasse ich mich fallen in Deine Hand und spüre: Du fängst mich auf.
Dafür preise ich Dich.
Daß Du mich Deine Barmherzigkeit spürbar erleben und mich preisen läßt – dafür preise ich Dich. Ehre sei Gott in der Höhe.

Gebet

Hannes-Dietrich Kastner

Gott,
wir danken dir für den Reichtum,
der uns durch die Sprache gegeben ist …
Wir danken dir für das gesprochene und geschriebene Wort,

für den Buchstaben und für die Zeichen,
für das Buch und die Bücher.
Wir danken dir,
Gott,
daß du in unserer Sprache zu deinem Wort findest,
daß du hier bei uns anzuknüpfen wagst.
Wir bitten dich,
Gott,
gib uns Zeit und Muße,
damit wir hinhorchen und lesen –
und so zu je unserer eigenen Sprache finden,
zum Ja – und zum Nein.
Das erbitten wir durch Christus,
dessen Wort uns berührt.
Amen.

Introitus

Das folgende Beispiel aus einem Gottesdienst zur Goldenen Konfirmation bezieht sich zudem auf den *Introitus*, den 23. Psalm. Damit wandert das Motiv des Hauses durch sämtliche liturgischen Stücke des Eingangsteils.

Dein Haus (zu Psalm 23)

Christian Zippert

Im Hause des Herrn bleiben, ein Leben lang:
Wir möchten es und möchten es wieder nicht.
Ein Leben lang Gott vertrauen,
ein Christ sein, der Kirche treu bleiben:
Können wir das?
Es gibt Gründe, daran zu zweifeln.
In unserem Zweifel bitten wir Gott um Erbarmen:
    Herre Gott, erbarme dich …

Im Hause des Herrn bleiben, ein Leben lang:
Dazu sind wir berufen, trotz allem.
Ein Leben lang Gott vertrauen,
ein Christ sein, der Kirche treu bleiben:
Wir können es nicht aus eigener Kraft,
aber aus der Kraft, die uns zuwächst von Gott.
Wir ehren ihn mit allen, die an ihn glauben:
    Ehre sei Gott in der Höhe ...

Herr, unser Gott,
wir danken dir,
daß du uns aufgenommen hast
in dein Haus,
in die Gemeinschaft des Glaubens;
wir danken dir,
daß du uns den Tisch gedeckt hast
mit deinem Wort
und den Gaben deiner Liebe.
Wir bitten dich:
Vergib uns,
daß wir oft anderswo zu Hause waren
und an anderen Tischen gesessen haben.
Hilf uns, bei dir zu bleiben, wie du bei uns bleibst,
in guten und auch in schweren Zeiten,
in der Kraft deines Geistes.
Wir vertrauen auf Jesus, deinen Sohn,
der uns gesagt und gezeigt hat, wer du bist:
der gute Hirte,
heute und morgen
und in Ewigkeit.

Die nun folgenden Texte *erweitern den Kern*, bestehend aus Kyrie, Gloria und Tagesgebet (Kollektengebet) um Voten, Eingangssprüche, Credoformulierungen und Fürbitten. Damit ist ein Kompositionsprinzip, nämlich die Variation eines den Gottesdienst prägenden Themas, in seinen einzelnen Elementen konkretisiert.

Auf neues Leben hoffen – leben lernen

Votum
Wir feiern Gottesdienst
im Namen Gottes
das ist Leben
im Namen Christi
das ist Leben lernen
in Gottes Geist
das ist Leben zulassen. Amen

Eingangsspruch
Gott hat ihnen große Freude bereitet; auch die Frauen und Kinder freuten sich, und alle vernahmen den Jubel Jerusalems weit hin.
Nehemia 12,43

Psalm
Gott, dich will ich preisen alle Zeit,
dich will ich loben jeden Tag.
Über dich darf sich alles freuen,
was sich in mir regt.
Die Elenden sollen es hören,
damit auch sie wieder Freude erfahren.
Miteinander wollen wir deine Taten preisen.
Gemeinsam wollen wir dich, Gott, zur Geltung bringen.
Denn du bliebst nicht stumm,
als ich dich suchte.
Aus allen meinen Ängsten hast du mich befreit.
Die auf dich sehen, werden strahlen vor Freude,
und ihr Vertrauen wird nicht enttäuscht.
Dein Engel stellt sich schützend vor alle,
die dich fürchten, und hilft ihnen heraus.
Glücklich ist, wer sich auf dich verläßt, Gott.
Lobsingt Gott, und erhebt Gottes Namen.
Nach Psalm 34

(aus: Heidi Rosenstock, Hanne Köhler: »Du Gott, Freundin der Menschen«, Kreuz Verlag, Stuttgart 1991)

Liturgische Stücke

Heidi Rosenstock

Kyrie

In der Mitte der Nacht
zittern wir, Gott,
wenn Unerwartetes geschieht.

In der Mitte der Nacht
fürchten wir uns
vor unserem eigenen Mut.

In der Mitte der Nacht
handeln wir ängstlich,
kleingläubig
und achten die kleinen Anfänge gering.

So bitten wir, Christus erbarme dich.

Gloria
Wer immer den Tag des geringsten Anfangs verachtet hat,
wird doch mit Freuden den Schlußstein sehn.
Sacharja 4,10

Kollektengebet
Wenn es zum Leben hilft,
Gott, du Ursprung allen Lebens,
laß uns aussprechen,
was wichtig ist,
hilf uns falsche Scham
zu überwinden, und
laß uns offen sein für deine Möglichkeiten.
Durch Jesus Christus, Amen

Lesung

Credo

Ich glaube,
Gott will,
daß alle leben.
Gott will,
daß Samen und Frucht,
Liebe und Leben
geteilt werden.

Ich glaube,
daß Frauen
Neues ins Leben bringen können
und dafür viel einsetzen:
Kraft, Mut, Schönheit und Klugheit.

Ich glaube,
daß Männer
Neues ins Leben bringen können
und dafür viel einsetzen:
Kraft, Mut, Vermögen und Vertrauen.

Ich glaube,
daß Gottes Geist
in uns allen wirkt,
damit wir Neues ins Leben bringen.
Amen.

Fürbitte

Gott allen Lebens,
du gehst mit denen,
die deinen Beistand brauchen,
mit den Frauen,
den Fremden,
den Hungrigen.
Du gehst mit denen,
die deine Ermutigung brauchen,
den Reichen,
den Einheimischen,
den Satten.

Schenke ihnen die Möglichkeit
zu fordern und zu gewähren.
Laß jede Begegnung lebendig werden,

laß Kopf und Verstand in uns zusammenwirken,
damit wir immer wieder neu
leben lernen.
Amen.

Segen
Wie eine Mutter
ihre Tochter
in das Leben schickt,
wie eine Frau
die andere stützt,
wie ein Mann
sein Vermögen teilt,
so stützt, schützt und teilt Gott
Leben mit uns.
Amen

Was mich stark macht; was mich schwach macht

Hanne Köhler

Votum
Im Namen Gottes feiern wir diesen Gottesdienst.
Gott ist die Quelle ungeahnter Möglichkeiten.
Jesus Christus hat mit der eigenen Kraft andere gestärkt.
In Gottes Geist können wir uns in Schwächen beistehen
und an Stärken freuen.
(Vgl. Rosenstock/Köhler, Du Gott, Freundin ..., S. 152)

Eingangsspruch
Die auf Gott vertrauen bekommen immer wieder neue Kraft,
daß sie auffahren mit Flügeln wie Adler.
Sie gehen und werden nicht müde,
sie laufen und brechen nicht zusammen.
(Jesaja 40,31)

oder

Gott, macht im Meer einen Weg und in starken
Wassern eine Bahn.
(Jesaja 43,16)

Psalm (nach Psalm 91)
Gott, du bist meine Zuflucht.
    Bei dir bin ich sicher wie in einer Burg.
Auf dich, Gott, vertraue ich.
    Du wirst mich retten
    vor den Fallen, die mir gestellt werden,
    aus Gefahr und Verderben.
Du breitest deine Flügel aus über mir.
Unter deinen Schwingen finde ich Zuflucht.
    Schild und Schutz sind mir deine Treue.
Ich muß nicht erschrecken
vor dem Grauen der Nacht.
    Denn du bist meine Zuflucht
    bei dir finde ich Schutz.
(aus: Heidi Rosenstock/Hanne Köhler, »Du Gott, Freundin der Menschen«, Kreuz Verlag, Stuttgart 1991, S. 30f.)

Kyrie

Manchmal fühle ich mich stark,
als könnte ich die Welt aus den Angeln heben.
Manchmal fühle ich mich schwach,
als wäre ich nur ein hilfloses Rädchen im Getriebe.

Manchmal fühle ich mich unsicher
und andere nehmen es mir nicht ab,
weil ich so stark wirke.

Christus, erbarme dich, sieh hinter die Fassade.
Hilf mir meine Stärken und Schwächen richtig einzuschätzen,
damit deine Kraft in mir Gestalt gewinnen kann.
Christus, erbarme dich.

oder

Viele wollen mir einreden, ich müßte mich vor dir klein machen.
Ich frage:
Muß ich schwach sein, damit du mich liebst?
Bin ich nur, wenn ich gescheitert zu dir gekrochen komme,
dein Kind?
Kann ich nicht aufrecht gehen, ohne hochmütig zu sein?
Darf ich nicht vertrauen in meine Fähigkeiten,
die du mir geschenkt hast?
Weil es mit schwerfällt,
mit meinen Gaben verantwortlich umzugehen,
darum bitte ich: Christus erbarme dich.

Gloria
Furchte dich nicht, ich bin mit dir;
weiche nicht, denn ich bin für dich Gott.
Ich stärke dich, ich helfe dir auch,
ich halte dich durch die rechte Hand meiner Gerechtigkeit.

(Jesaja 41,10)

Kollektengebet
Gott, du Quelle unserer Kraft,
locke uns bis an die Grenzen unserer Möglichkeiten,
daß du Gestalt gewinnst in dieser Welt.
Dazu hilf uns, durch Christus Jesus.

oder

Gott, du Stütze, wenn alles wankt,
stärke unser Rückgrat,
daß wir mutig und stark werden,
daß wir selbstbestimmt und verantwortlich handeln.
Dazu hilf uns durch Jesus Christus.

Lesung
Lukas 22,39–43 Jesus in Gethsemane; besonders Vers 43
»Es erschien Jesus aber ein Engel vom Himmel und stärkte ihn«.

Statt eines Credo
Ich glaube an dich, Gott,
Du siehst, was mir glückt,
wo ich mich vergebens mühe
und was ich versäume.
Ich orientiere mich an dir, Christus.
Du gingst deine Wege,
danktest für Gottes gute Gaben
und batest Gott um Hilfe, wenn du nicht weiter wußtest.

Ich vertraue auf dich, Atem Gottes.
Du hilfst mir, mich richtig einzuschätzen,
mich bis an meine Grenzen zu strecken,
zu leben, was in mir ist.
Und wenn meine Möglichkeiten erschöpft sind,
dann stärkst du mich neu.

So lebe ich, aus mir und dir, Gott.
Mit meinem Verstand und gelockt durch das

Evangelium von Jesus Christus,
selbstsicher und gestärkt durch deinen Atem.

Ich bin stark, ich bin schwach – du bist mit mir.

Fürbitten

Gott, du Quelle ungeahnter Möglichkeiten,
wir denken vor dir an die,
die an Grenzen gestoßen sind:

- Flüchtlinge erleben,
  daß sie bei uns nicht willkommen sind.
  Wir hoffen, du hilfst ihnen,
  einen sicheren Ort zum Leben zu finden.
  Wir hoffen, du hilfst uns,
  Flüchtlingen hier bei uns menschlich zu begegnen.
- Frauen und Männer sind überlastet
  in der Pflege ihrer Angehörigen.
  Wir bitten dich, stärke sie und hilf ihnen,
  Angebote der Entlastung zu sehen und anzunehmen.
  Wir bitten dich, hilf uns,
  unsere Gesellschaft so zu ändern,
  daß die Pflege zu Hause oder in einem Heim leichter möglich ist.

- Frauen setzen ihren Körper ein.
  Wissen sie sonst keinen Ausweg mehr?
  Wir bitten dich, hilf ihnen,
  sich zu schützen vor der Gewalt.
  Hilf ihnen trotz der Mißachtung
  ihre Würde zu bewahren.
  Wir bitten dich, hilf uns,
  eine Gesellschaft zu bauen,
  in der Frauen ihr Recht bekommen,
  ohne mit ihrem Körper zu zahlen.

Gott, du Quelle ungeahnter Möglichkeiten,
wir denken vor dir an die,
die an Grenzen gestoßen sind.
Öffne du neue Wege,
auch durch uns.

Meditation Abendmahl
Wir haben so viel, zum Staunen viel.
Wir haben unser Auskommen und oft mehr.
Wir können unser Leben schön machen.

Menschen sind da,
mit denen wir unser Leben teilen können.
Kräfte sind uns gegeben,
zu sehen, was nötig ist, zu tun, was hilft.
Tage und Stunden fallen uns zu,
an denen wir uns freuen,
über uns selbst, über die Freude anderer,
über ein geglücktes Wagnis,
über einen Sonnenstrahl.
Wirklich, wir haben so viel, Gott,
es ist zum Staunen.
So viel hast du uns geschenkt.
Wir danken dir, weil wir leben, morgen und heute,
wie wir gestern und alle Tage gelebt haben
aus deiner Gnade, Gott.
Wir nehmen von dieser Erde
Brot und Saft der Trauben,
Früchte menschlicher Arbeit,
von dir, Gott, gemacht zu Gaben,
die uns zum Leben stärken.
Wir danken dir, weil wir leben
hier und jetzt, mühsam und voller Freude.

Weil wir hoffen,
daß unser Leben in dir verwurzelt bleibt,
erinnern wir uns an das erste Abendmahl
und hören die Einsetzungsworte …

(aus: Heidi Rosenstock/Hanne Köhler, »Du Gott, Freundin der Menschen«, Kreuz Verlag, Stuttgart 1991, S. 157)

Segen

»Wachet, steht im Glauben, seid mutig und seid stark!
Alle eure Dinge laßt in der Liebe geschehen.«
(1. KorintherInnen 16,13–14)
So segne und behüte euch Gott,
in guten und in schlechten Tagen
heute und über die Grenzen unserer Zeit hinaus.

(aus: Beratungsstelle für Gestaltung, Hefte Nr. 4 - Das Buch Ruth, Frankfurt 1994, S. 76-81)

Gebete

Wolfgang Gerlach

1. Sündenbekenntnis, Bittruf
Wir haben hierzulande alles, aber sorgen uns immer mehr.
Wir wissen, daß weniger Haben die Sorgen mindert und doch spüren wir die Wahrheit des Satzes:
Je mehr er hat, je mehr er will, nie schweigen seine Klagen still.
Sind wir gar in unsere Klagen und Sorgen verliebt? Kannst Du den Knoten in uns lösen, o Gott?
Herr, erbarme dich solcher Fragen!

Lobpreis
Wirf dein Anliegen auf den Herrn; der wird dich versorgen und den Gerechten in Ewigkeit nicht wanken lassen (Ps 55,23).

Kollektengebet
Du verläßlicher Gott, dein Gebot kennen wir, das erste zumal, aber auch die anderen.
Sie zu lernen und zu behalten ist eines; sie zu tun ist ein anderes.
Laß uns deine Gebote nicht kneten, wie wir sie brauchen. Gib ihnen vielmehr die Kraft, in uns Wirkung zu tun. AMEN.

Fürbittengebet
Ach, lieber Vater im Himmel und auf der Erde,
es ist so schwer, das Mittelmaß zu finden: entweder meine ich, ich könnte und müßte alles selber in die Hand nehmen; und manchmal denke ich: jetzt könntest du doch handeln, eingreifen, Verfahrenes in Ordnung bringen. Dabei läßt du mich nahezu täglich die Erfahrung machen, wie Geplantes von dir verändert oder gestrichen wird und daß am Ende Dein Werk mir am besten tut.
Und dennoch höre ich nicht auf, mit aller Kraft mein Leben organisieren zu wollen.
Du hast uns doch nicht geschaffen, daß wir die Hände in den Schoß legen. Wir wollen doch etwas tun.
Aber was sollen wir tun? Oder müßten wir fragen: Wie sollen wir's tun? In welcher Gesinnung, in welcher Einstellung? Fehlt unserer Bitte um das Gelingen unserer Pläne am Ende der kleine Satz Jesu: Aber nicht Herr, wie ich will, sondern wie du willst?
Schenk uns Vertrauen in den Satz, der uns so leicht von den Lippen geht: Dein Wille geschehe! Amen.

2. Sündenbekenntnis, Bittruf
Wir bringen her, was uns in der vergangenen Woche beglückte und was uns bedrückte, was uns erleichtert und was uns beschwert, was du uns schenkst und was du uns zumutest. Gib, daß das Beschwerende uns nicht schwermütig und daß das Beschwingende uns nicht übermütig werden läßt. Herr, erbarme dich.

Lobpreis
Gott spricht durch den Mund des Propheten (Jes 45,7):
Ich bin der Herr, und sonst keiner mehr,
der ich das Licht mache und schaffe die Finsternis,
der ich Frieden gebe und schaffe Unheil.
Ich bin der Herr, der dies alles tut.

Gebet
Laudate omnes gentes!
Auch unser Lob erreiche dich, Gott,
wenn wir dich anrufen im Gesang und Gebet,
wenn wir dich suchen im Reden und Schweigen,
wenn wir dich verkündigen in Wort und Tat durch Glaube und Zweifel.
AMEN.

Schlußgebet (Gedicht von Kurt Marti, in: Ders., O Gott! Essays und Meditationen, © Radius-Verlag, Stuttgart 1986, S. 122)

Wie kamst Du gerade auf mich?

Auch heute wieder
frage ich mich,
wer Du warst oder bist,
was Du willst?

Viele
wissen das besser
und einige
folgen Dir nach.

Wie kamst Du
auch noch auf mich?
Bin doch nicht der,
den Du brauchst!

Dennoch,
dennoch
komm ich nicht los
von Dir.

»Gott hat es alles wohl bedacht / und alles alles recht gemacht. /
Gebt unserm Gott die Ehre«! Amen. (EKG 233,9)

Litanei

Mut zur Litanei

Ursel Heinz

»Das ist doch immer dieselbe Litanei!« sagte meine Mutter erbittert, nachdem eine Bekannte einen Klagestrom ergossen hatte und gegangen war. Ich fand meine liebe Mutter nicht sehr mutig, weil sie dieses Urteil erst abgab, nachdem die Bekannte fort war. Ich konnte aber ihre Gefühle gut verstehen, hatte ich doch selbst den Jammerton dieser Frau unangenehm im Ohr. Ich wußte, daß sie öfter kam und ihre Klagen über ihre Lebensumstände losließ.
»Was ist eine Litanei?« wollte ich wissen. »Das ist etwas Katholisches«, wehrte meine Mutter ab und ergänzte: »die katholische Art zu beten.« Die weinerliche Klagestimme der Frau in ihrer Erfahrung von Wiederholung verband sich mit dem Schreckwort »katholisch«. Und so stand lange Jahre das negative Urteil über »Litanei« für mich fest.
Eine Änderung meiner Einstellung begann – wie könnte es anders sein! – im Zuge der ökumenischen Annäherung, allerdings ohne daß ich mir vorerst Rechenschaft gab, daß das, was ich da so erfreulich erlebte, »Litanei« war. Ich war junge Pastorin, und mein katholischer Kollege und ich hatten einen ökumenischen Gottesdienst vorbereitet. Wir hatten gerade ein passendes Fürbittengebet gefunden. »Geben wir der Gemeinde doch die Chance, sich zu beteiligen«, schlug mein Kollege vor. »Dann sitzen die Leute nicht so stumm dabei, sondern sie können mitsprechen. Fügen wir doch nach jeder Bitte das Responsorium ein: ›Herr, erhöre uns!‹«
Ich war entzückt! Endlich eine Gelegenheit, die Gemeinde mitreden zu lassen. Das war fast schon mündige Gemeinde! Noch begeisterter wurde ich, als ich im Gottesdienst erlebte, wie dieses Responsorium die Intensität des Gebetes von Bitte zu Bitte steigerte. Das Gebet wurde ich-nah. Die Gemeinde übernahm durch ihr Mitsprechen in einer viel tieferen Weise Verantwortung für den Gebetsinhalt, als ich es gewohnt war.
Ich machte mir nicht klar, daß ich eine gesprochene Litanei erlebt hatte. Es bedurfte eines weiteren Anstoßes, bis ich den Wert dieser Gebetsform erkannte.
Dieser weitere Anstoß war, anfangs ohne daß ich den Zusammenhang sah, meine Erfahrung von Bibliodrama. Nun ist Bibliodrama keine Reflexion über Gebete und Gebetsformen. Bibliodrama ist der Prozeß einer Gruppe, aber eben ein Prozeß, der sich in Auseinandersetzung mit einem Bibeltext vollzieht. Es geht um Selbsterfahrung und zugleich um die Rezeption eines Textes, und es geht darum, daß diese beiden Prozesse nicht isoliert vonein-

ander stattfinden, sondern sich gegenseitig bedingen. Die Bibliodramaleitung hat in dieser Situation den Auftrag, den Bibeltext so in den Gruppenprozeß einzuführen, daß einerseits ein Verstehen des Textes möglich wird, daß andererseits dieser Text nicht zu einer verkopften Diskussion Anlaß gibt, sondern im Gegenteil zu der gewünschten Verinnerlichung führt.
»Lest den Text!« forderte der Bibliodramaleiter auf. »Lest ihn wiederholt! Lest laut! Wenn ihr am Ende angekommen seid, beginnt von vorne!« »Welche Monotonie!« wunderte ich mich, als ich diese Technik zum erstenmal erlebte.
Welche Monotonie! Genauso soll es sein. Da geschieht beruhigende Wiederholung. Eine Sicherheit gebende Struktur wird aufgebaut, und innerhalb dieser Struktur kann es geschehen, daß die rationale Kontrolle, die Wachsamkeit des Verstandes, die im Dienst des Widerstandes steht, abgelenkt wird. Wenn nämlich die Gehirnseite, die für das rationale Verstehen zuständig ist, Wiederholung erfährt, beginnt sie, sich zu langweilen, und sie gibt ab an die andere Seite, die für die Bilder und die Gefühle zuständig ist. Als ich mich auf diese Art des Lesens einließ, merkte ich, daß sich etwas veränderte. Erinnerungen kamen. Bilder stiegen auf. Sie verbanden sich mit den Textinhalten, vorerst ohne daß ich den Zusammenhang begriff. Ich merkte nur, daß ich den Text nicht allein mit meinem Verstand aufnahm, sondern ihn zugleich mit meinen Gefühlen besetzte. Ich war einer alten Meditationstechnik begegnet, deren Wert ich erkannte.
Später entdeckten wir als Methode, den Bibeltext einzuführen, das Psalmodieren. In anderen Gruppen wird das Cluster-Singen geübt. Eine Gruppe, ein Clübchen, intoniert einen Ton. Es können auch mehrere Töne sein, die in diesem Cluster gesungen werden. Das ist eine Methode, die Spaß macht. Wichtig für unseren Zusammenhang ist: Durch das Singen oder beim Psalmodieren durch die besondere Art des Sprechens wird die Aufmerksamkeit abgelenkt. Sie wird zwischen dem Singen und dem Verstehen des Textes geteilt. Gleichsam über dem Cluster schwebend wird nämlich nun der Bibeltext zu Gehör gebracht. Und jetzt gilt: Was der rationalen Aufmerksamkeit verloren geht, kommt den Möglichkeiten des Unbewußten entgegen. Die Abkömmlinge des Unbewußten melden sich. Sie schlüpfen an der allgegenwärtigen Zensur vorbei und können sich mit den Textinhalten verbinden.
Ich war so weit, daß ich nach den Resten dieser Meditationstechnik in unserer Überlieferung zu suchen begann. Und ich stieß auf die Litanei. Ich entdeckte die Litanei als die Gebetsform, die gerade die Meditationstechniken, die ich beschrieben habe, benutzt. Genauer: Ich entdeckte, daß es diese Meditationstechniken sind, die das Charakteristikum der Litanei ausmachen. Dies möchte ich nun im folgenden entwickeln.
Ich fand die Litanei bereits unter den Psalmen des Alten Testamentes: Psalm 130. Dieser Psalm ist deutlich ein Wechselgebet zwischen einem Vorbeter und einer formelhaft antwortenden Gemeinde. Der Gemeinde

wird die Geschichte von Gottes Heilshandeln zugerufen, und die Beter antworten in gleichbleibenden Worten mit einem Lobpreis (vgl. Psalm 118, 1–4). Diese Struktur eines Gebets ist die Form einer Litanei.
Wir wollen hier in dieser Untersuchung die Stilelemente der Litanei erheben. Da also dieser Psalm bereits die wesentlichen Charakteristica dieser Gebetsform zeigt, so können wir ihn als die Vorlage nehmen, aus der wir die Bausteine für die Litanei erheben. Wir müssen uns den Psalm psalmodiert vorgetragen denken.
Folgende Stilelemente können wir erkennen: Das Gebet hat dialogische Struktur. Es ist ein Wechselgebet, ein Wechselgesang, zwischen einem Vorbeter und der Gemeinde. Das Gebet beginnt mit einem Auftakt, einer Anrufung, die in dreimaliger Form die Adresse dieser Anrufung nennt. Kennzeichnend ist die Rhythmisierung. Die Gemeinde antwortet in einem gleichbleibenden wiederholten Responsorium. Aber auch der Zuruf, der die Antwort der Gemeinde auslöst, zeigt rhythmische Gestaltung. Die Satzanfänge wiederholen sich. Die Satzstruktur und die Länge der Sätze ähneln einander, so daß die Gemeinde weiß, wann es ihr Part ist einzufallen. Durch den Rhythmus und seine Gleichförmigkeit wird eine strenge Struktur erreicht, die jeder vorwärtsdrängenden Dialogisierung eine beruhigende Wiederholung entgegensetzt. Was nämlich nun die Worte des Liturgen anbelangt, so können wir feststellen: Hier wird Variation geboten. Der Faden wird fortgesponnen. Die Geschichte von Gottes Heilshandeln wird in abwechslungsreichen Bildern erzählt. Da ist keine Wiederholung und Formelhaftigkeit festzustellen. Nicht nur die Sprache ist reich an Ausdruck; die Inhalte selbst wechseln.
Damit sind wir bei unserer Frage nach dem Einsatz der Meditationstechnik. Wir stellen also fest, daß sich in der Litanei zwei unterschiedliche Strukturelemente paaren, die Rhythmik und ihre Wiederholung und zugleich eine vorwärtsdrängende Dynamik. Wir stellen fest, daß die Litanei zusammen mit formelhaften Elementen zu sehr konkreten Aussagen fähig ist. Die konkreten Aussagen verlieren in diesem Zusammenhang nicht ihre Wichtigkeit. Im Gegenteil! Sie werden im Zusammenspiel mit den formelhaften Elementen in ihrer Intensität gesteigert.
Nun wird manches an der Entwicklung der Gebetsform verständlich, wenn wir uns vorstellen, daß die Litanei ihre Wurzeln in vorchristlicher Zeit hat. »litaneuein« heißt »flehen«. Das Numen, das um sein Erscheinen gebeten werden sollte, mußte benannt und in dem Gebet um seine Offenbarung angefleht werden. Darum beginnt jede Litanei mit einer Anrufung. Im jüdischen und christlichen Raum wurde Gott der Ansprechpartner. Er oder entsprechend sein Sohn oder die heilige Dreieinigkeit werden zu Beginn des Gebetes benannt. »Die Anrufungen werden in der Regel eröffnet mit dem Kyrie-Ruf, mit ›Christus, höre uns‹ oder mit der Anrufung der heiligen Dreifaltigkeit. Man kann auch zwei oder alle drei Eröffnungsrufe an den Anfang stellen.« (»Gotteslob« zu den Litaneien)

In der Anrufung hat die Litanei ihren speziellen Charakter. Ihr Inhalt ist Anbetung, und sie erreicht es, diesen Inhalt zu entfalten, indem sie die Bedeutung, die das Numen hat, in immer neuen Wendungen ausführt.
Wenn wir weiter nach der Entwicklung der Gebetsform Litanei fragen, so sind zugleich die praktischen Gründe zu befragen, die zur Entfaltung dieser Gebetsform geführt haben. Die Litanei hat ihre Wurzeln nicht nur in vorchristlicher Zeit, sondern auch noch zu christlichen Zeiten in vorliterarischer Gemeindesituation. Die Gemeinde konnte nicht lesen! Eine Gebetsform mußte gefunden werden, die es auch einer aliterarischen Gemeinde ermöglichte mitzubeten. Die Form der Litanei mit ihrem gleichbleibenden Responsorium bot sich an. Zugleich müssen wir bedenken, daß in Zeiten, wo die Liturgen ihren Text ohne Mikrofon überbringen mußten, eine Singform bevorzugt wurde, weil die Singstimme besser über Entfernungen trägt. Aus beiden Gründen wird die Beliebtheit der Litanei bis heute bei Prozessionen einsichtig. Eine Gemeinde, die schreitet, kann schlecht vom Blatt lesen. Mit einer gleichbleibenden Formel aber kann sie sich auch während des Gehens am Gebet beteiligen. Der Liturg, der im Freien Mühe hat, sich Gehör zu verschaffen, wird mit der durchdringenden Singstimme besser verstanden.
Ganz aber ist mit diesem Hinweis auf die Entstehung und auf die praktische Einsatzmöglichkeit die Beliebtheit der Litanei allein nicht zu erklären. Wie kommt es, daß diese Form sich so standhaft durch die Jahrtausende erhalten hat? Warum hat sich so hartnäckig ein eintöniges psalmodierendes Rezitativ bewahrt? Die Funktion, einer aliterarischen oder einer procedierenden Gemeinde das Mitbeten zu ermöglichen, könnte auch ein Gesang erbringen. Lieder werden bekanntlich auch von Menschen, die des Lesens nicht kundig sind, gern gelernt. Zumindest könnte der Refrain gesanglich bearbeitet werden, und natürlich, so erfahre ich, hat es Versuche gegeben, die Litanei gesanglich aufzuarbeiten, das Responsorium melodiös zu gestalten und es durch Versgestalt kunstvoller darzubieten. Aber die Litanei hat sich einer solchen Ausgestaltung erfolgreich widersetzt. Sie blieb eintönig und wollte eintönig bleiben. Sie wollte keine Veränderung ihres Refrains, sondern beharrte auf ihrer Gleichförmigkeit. Und gerade so fand und behielt sie ihren Platz im Herzen der Menschen.
Daß die Litanei im Gefühl des Kirchenvolkes beheimatet war, mußte Martin Luther erfahren. Er hatte die Litanei aus der Liturgie ausmerzen wollen, da sie mit ihren Heiligen-Anrufungen seinem theologischen Verständnis nicht mehr entsprach. Doch das Kirchenvolk vermißte seine Litanei. Und so führte Luther 1528 eine von den Heiligen-Anrufungen gereinigte Litanei wieder in den Gebrauch ein. Sie hat sich bis heute in unserem Gesangbuch erhalten. (EKG 138)
Da also auch diese Litanei im Gesangbuch leicht zugänglich ist, so wollen wir mit dieser Litanei fortfahren, um daran weiter die Charakteristica der Gebetsform zu erheben.

Die Litanei Luthers ist ein Wechselgesang zwischen einem Chor und einer Gemeinde. Litanei also kann ein Wechselgesang oder ein Wechselgespräch sein zwischen einem Einzelnen/einer Einzelnen und der Gemeinde, zwischen einem Chor und der Gemeinde oder zwischen zwei Chören.
Deutlich wird der Chamäleon-Charakter der Litanei. Die Litanei stellt sich als eigene Gebetsform in der Form der Anrufung dar. Zugleich aber kann sie sich, allerdings mit den ihr spezifischen Elementen, nämlich der Adresse, der Rhythmik, dem Responsorium, chamäleonartig anderen Gebetsformen anpassen. In dem Psalmgebet hatten wir eine Art Glaubensbekenntnis vor uns. Hier bei Luther erleben wir ein Bittgebet. Die Litanei kann weitere Formen, etwa die des Dankgebetes oder des Sündenbekenntnisses, annehmen. Sie paßt sich ohne eine Verleugnung ihrer Identität dem gewünschten Zweck an. Luthers Litanei beginnt mit dem traditionellen Einstieg, dem Kyrie-Ruf, dem Ruf »Christe, erhöre uns« und der Anrufung der Dreieinigkeit. Nach dieser »Adressierung« geht es mit konkreten Bitten weiter. Daß diese Bitten nicht nur variationsreich und anschaulich, sondern situationsbezogen und konkret sind, entdecken wir, wenn wir uns nicht an der archaischen Sprache stören. Das Gebet gibt den Sorgen und Befürchtungen, den realen Ängsten und den irrationalen Angstbildern eine Stimme. Ich möchte, was die Konkretion anbelangt, nicht zwischen den realen Ängsten und den inneren Angstbildern unterscheiden. Die einen stehen für die äußere Konkretion, die anderen für eine nach innen gerichtete. Auf der äußeren Ebene wird für bestimmte Gruppen in der Gesellschaft und in der Kirche um Hilfe gebeten. Die Litanei schließt sogar die Möglichkeit ausdrücklich ein, die Bitten auf die Gemeindesituation hin zu variieren. Die Litanei erreicht Situationsbezogenheit. Aber diese äußere Konkretion korrespondiert, das wird durch die Vermischung mit den inneren Bildern deutlich, mit der inneren Bildebene.
Mit diesen Erkenntnissen sind wir bei der Frage, ob wir die Litanei eine Meditationsform nennen dürfen. In unserem Gesangbuch können wir die musikalische Vertonung studieren. Ich gebe zwei Beispiele, zwei Tonfolgen, die ohne Takt dargeboten werden: aaaaggfgg und ffffffggfgg. Das ist ein Singen im Bereich von drei Tönen. Eintöniger geht es kaum. Doch: »Das ist seltsam eindringlich«, meinte die Organistin, als sie mir die Tonfolge vorspielte. Da kommt etwas auf dem Vehikel dieser Töne über. Da ist etwas an diese Töne gebunden, und gerade die Eintönigkeit schafft es, die Inhalte zu transportieren.
Wir können an dieser Stelle zusammenfassen: Die Litanei zeitigt Anliegen, die variationsreich dargeboten werden und konkreten und situationsbezogenen Charakter haben. Zu diesem konkreten Charakter gehört, daß Angstbilder zur Sprache gebracht und Angstsituationen benannt werden. Die Litanei stellt zugleich ein gegenläufiges Strukturprinzip. Während auf der einen Seite der Variationsreichtum und der Wechsel geboten werden, arbeitet die Litanei im Gegenlauf dazu mit der Gleichförmigkeit, der Eintönigkeit, der Wiederholung. Dieser Gegensatz ist so auffallend, daß wir

nur folgern können: die klare Konkretion ist gerade deswegen möglich, weil ein gegenläufiges Strukturelement vorhanden ist. Auf der tieferen Ebene gesehen ist es so, daß die Gleichförmigkeit, die Rhythmik, die Wiederholung, den Rahmen bieten, in dem auch angstbesetzte Gedanken sich äußern lassen. Die Gleichförmigkeit gibt Struktur, und jede Struktur gibt Sicherheit; im Rahmen dieser Sicherheit trauen sich Gefühle, auch peinliche, hervor. Sie verbinden sich mit den Inhalten und werden dort bearbeitet. Dieser Vorgang gewinnt Intensität, wenn die Gleichförmigkeit durch die Eintönigkeit der Musik unterstrichen wird. Musik, das wissen Musiktherapeuten, erreicht die Seele unmittelbar. Auf dem Vehikel der Töne dringt etwas ein, erreicht die Tiefe und kehrt aus dieser Mitte wieder nach außen. Es schlüpft an den inneren Wächtern vorbei.

Damit komme ich zum Schluß, nämlich zu unserer Zeit. »Mut zur Litanei« habe ich diesen Beitrag genannt. Tatsächlich ist es so: Die Litanei lebt. Gerade in der jüngsten Zeit wurden viele Litaneien geschrieben. Die begabtesten unter den Liturgie-Dichterinnen und -Dichtern haben diese Gebetsform gewählt, und es entstanden Gebilde, Litaneien von poetischer Schönheit. Wegen des begrenzten Platzes versage ich es mir, Beispiele zu bringen; man lese vielleicht im »Gotteslob«. Diese Litaneien haben den Charakter der Anrufung. Doch sie benutzen fast ausschließlich die Sprechform. (Die einzige Ausnahme, die ich sehe, ist die von Huub Oosterhuis / Lothar Zenetti und Bernard Huibers.) Der Beitrag der Gemeinde ist in diesen Liturgien keineswegs auf eine formelhafte Antwort beschränkt. Das Gebet treibt sich als gleichberechtigtes Wechselgespräch zwischen dem Liturgen, der Liturgin und der Gemeinde voran.

Ich möchte nicht die Frage stellen, ob diese Litaneien noch »eigentliche« Litaneien im traditionellen Sinn sind. Ich denke: Diese Litaneien stellen Elemente in den Vordergrund, die unserer Zeit entgegenkommen, die Dialogisierung, die Partnerschaftlichkeit zwischen LiturgIn und Gemeinde, die Mündigkeit der Gemeinde. Diese »modernen« Litaneien haben nichts Fremdes geschaffen. Sie haben lediglich die der Gebetsform innewohnenden Möglichkeiten an dieser Stelle herausgearbeitet.

Wichtig jedoch scheint mir: Auch diese »modernen« Litaneien kommen nicht ohne die Rhythmisierung aus. Auch ein sich wechselseitig vorantreibender Dialog bedeutet Rhythmus. Auch und gerade in diesen vorwärtstreibenden Dialogen gibt es beruhigte Passagen, Ruhezonen gleichsam. Da reduziert sich der Beitrag der Gemeinde auf einen gleichbleibenden Ruf. Die Rhythmisierung schiebt sich in den Vordergrund und übernimmt die Gestaltung. Die Gemeinde braucht an dieser Stelle nichts Neues zu produzieren. Sie kann das, was ihr geboten wird, mit dem durch Wiederholung bekannten Ruf begrüßen. Dadurch ist eine kleine Ruhepause gegeben, ein Markierungszeichen. Auf der tieferen Ebene wird die Sicherheit gebende Struktur deutlich gemacht. Im Rahmen dieser Sicherheit, damit schließt sich der Kreis, kann das, was an Innerlichem da ist, sich hervortrauen. Es verbindet sich mit den Inhalten. Das Gebet wird ich-nah.

Anrufung Gottes

Litanei **Ursel Heinz**

Gott
Gott – Vater
Gott – Mutter
Gott Nicht-Vater
Gott Nicht-Mutter
Gott

Alle: Geheiligt werde dein Name

Gott Herr
Gott Herrscher
Gott König
Gott König aller Könige
Gott mächtig
Gott starker Held

Alle: Geheiligt werde dein Name

Gott Herr der Heerscharen
Gott Starker Abrahams
Gott Schrecken Isaaks
Gott Stier Jakobs
Gott der Waffen
Gott mächtig
Gott männlich
Gott ohnmächtig
Gott am Kreuz

Alle: Geheiligt werde dein Name

Gott Liebe
Gott Leben
Gott Sonne und Licht
Gott liebende Mutter
Gott Henne über den Küken
Gott Hausfrau, die fegt
Gott brütender Vogel über dem Wasser
Gott Gott

Alle: Geheiligt werde dein Name

Gott Wahrheit
Gott Leben
Gott Weg

Gott Liebe
Gott Geist
Gott Heil

Alle: Geheiligt werde dein Name

Gott Vertrauen
Gott Sprache
Gott Gespräch
Gott Verstehen
Gott Einsicht
Gott Verantwortung
Gott Zärtlichkeit
Gott Solidarität

Alle: Geheiligt werde dein Name

Gott in seinem Sohn
Gott für uns
Gott in unseren Fragen
Gott in unserem Zweifel
Gott in unserem Brot
Gott Raum
Gott Haus
Gott Gott

Alle: Geheiligt werde dein Name

Silvesterlitanei

Klaus von Mering

»Das Jahr neigt sich dem Ende zu.
Wir sind zusammen, um uns zu orientieren,
um zu bedenken,
wofür wir zu danken haben und was uns fehlt,
was wir bekennen und was wir erbitten müssen.
So können wir einen Sinn finden in allem, was uns erfreut und was uns enttäuscht, was uns geschenkt ist und was uns versagt bleibt.« (Gottesdienst menschlich A 25)

Wir rufen zu dir:
Kyrie eleison!

Wenn es uns gut geht, möchten wir, daß alles so bleibt,
haben kein Verständnis für den Ruf: Kehrt um!,
können uns nur schwer in die Lage derer versetzen,
die unter den herrschenden Verhältnissen leiden.
Nur da, wo wir selber betroffen sind von unheilvollen Entwicklungen,
sehnen wir uns nach Veränderung,
hoffen wir auf einen neuen Anfang.
Du aber öffnest uns in deinem Wort die Augen dafür,
daß das eine ohne das andere nicht zu haben ist.
Wir rufen zu dir:

Kyrie eleison!

»Reiche helfen den Armen zu ihrem Recht.
Starke verstehen die Ängste der Kleinen.
Erfolgreiche überdenken die Chancen der Schwachen.
Glückliche empfinden die Last der Gescheiterten.
Freie bahnen für Gefangene den Ausweg.
Glaubende lassen sich auf Fragen der Zweifler ein.
So beginnt unter uns die Zeit (das Reich) Gottes« (Gottesdienst menschlich C 13).
Wir möchten dabeisein, Gott, wir möchten dir zur Verfügung stehen.
Wir rufen zu dir:

Kyrie eleison!

Wir haben uns festgelegt und sehen nur diese eine Möglichkeit.
Wir haben Überzeugungen gewonnen und sie zu einem Teil von uns gemacht.
Wir haben Erfahrungen gemacht, die uns verbogen haben.
Es fällt so schwer, loszulassen. –
Wir erleben Hilfe, anders, als wir das für möglich hielten.
Menschen kommen auf uns zu und legen uns nicht fest.
Verwundert stellen wir fest, daß es auch anders geht.
Es tut so gut, überrascht zu werden.
Wir warten auf deinen Anruf.

Kyrie eleison!

»Ziehe uns ins Gespräch, Gott, auch wenn wir ausweichen!
Ziehe uns ins Gespräch, damit wir erfahren, was bestehen wird
im Wechsel der Bilder und Jahre, in unserm Kommen und Gehen.
Heraushören möchten wir den, der kommt:
Jesus«, unsern Herrn und Bruder (Gottesdienst menschlich D 22).
Ihn rufen wir an:

Kyrie eleison!

Vater unser im Himmel …

Karfreitagslitanei

Erneuerte Agende

Vorausgeht ein Agnus- oder Kyriegesang

L O Jesus Christus, Gottes Sohn,
G erbarm dich über uns.

D Du hättest wohl Freude haben können,
doch du hast das Kreuz erduldet
und die Schande gering geachtet. *Hebräer 12,2*

L O Jesus Christus, Gottes Sohn,
G erbarm dich über uns.

D Dahingegeben in die Hände der Sünder, *Matthäus 26,45*
hast du des Todes Bitterkeit geschmeckt *Johannes 8,52*
und die tiefste Not der Gottesferne. *Matthäus 27,46*

L O Jesus Christus, Gottes Sohn,
G erbarm dich über uns.

D Du hast Gehorsam gelernt,
an dem, was du littest, *Hebräer 5,8*
und warst gehorsam bis zum Tod,
ja, zum Tode am Kreuz. *Philipper 2,8*

L O Jesus Christus, Gottes Sohn,
G erbarm dich über uns.

Wiederholung des Agnus- oder Kyriegesangs

L Du starker Heiland und Erretter,
G befreie und erlöse uns.

D Von Haß und Neid –
von Hochmut und lieblosem Richten –
von Selbstsucht und Härte des Herzens.

L Du starker Heiland und Erretter,
G befreie und erlöse uns.

D Von Trägheit und Kreuzesscheu –
von kaltem Stolz und feiger Anpassung.

L Du starker Heiland und Erretter,
G befreie und erlöse uns.

D Von Verzweiflung und Gotteshaß –
von Lebensangst und Todesfurcht.

L Du starker Heiland und Erretter,
G befreie und erlöse uns.

Wiederholung des Agnus- oder Kyriegesangs

L Gekreuzigter Jesus, durch deine Liebe
G hilf uns und stärke uns,

D daß wir dir nachfolgen
in Sanftmut und Demut,
daß wir unser Kreuz auf uns nehmen.

L Gekreuzigter Jesus, durch deine Liebe
G hilf uns und stärke uns,

D daß wir in der Verlassenheit zum Vater rufen,
daß wir uns in seine Hände befehlen,
daß wir Glauben halten bis ans Ende.

L Gekreuzigter Jesus, durch deine Liebe
G hilf uns und stärke uns

D im Kampf gegen die Sünde,
in der Stunde der Versuchung,
im Dunkel der Anfechtung,
in der letzten Not.

L Gekreuzigter Jesus, durch deine Liebe
G hilf uns und stärke uns.

Wiederholung des Agnus- oder Kyriegesangs

L Gekreuzigter Jesus, du Heiland und Erretter:

Sammle unter deinem Kreuz alle,
für die du gestorben bist.
Führe herzu, die noch ferne sind.
Rufe zurück, die dich verloren haben.
Bringe heim die Irrenden.
Geh entgegen den Suchenden.

Hilf uns, eins zu werden,
daß wir einander lieben
und einander von Herzen vergeben.

Jesus Christus, du unser Friede:
Gib uns deinen Frieden.

G Amen.

Bußtags-Litanei

Bernhard von Issendorff

Wenn unser Herr und Meister, Jesus Christus, spricht:
Tut Buße, so will er, daß unser ganzes Leben eine Buße sei.

Unser Aufstehen und unsere Fortgehen,
auch unser Arbeiten, gewiß unser Beten,
unser Wegräumen und Heimkommen.

Wenn unser Herr und Meister, Jesus Christus, spricht:
Tut Buße, so will er, daß unser ganzes Leben eine Buße sei.

Unsere Sehnsucht und unser Lieben,
wie Geliebtwerden und Verlassensein,
Kindergebären und Großziehen und Loslassen.

Wenn unser Herr und Meister, Jesus Christus, spricht:
Tut Buße, so will er, daß unser ganzes Leben eine Buße sei.

Unser Wählen und auch Gewähltwerden,
das politische Handeln und Verhalten,
wie auch die öffentliche Kontrolle.

Wenn unser Herr und Meister, Jesus Christus, spricht:
Tut Buße, so will er, daß unser ganzes Leben eine Buße sei.

Unser Handel und unser Wandel,
unser Verdienen und Verdienenlassen,
unsern Werktag und unsern Sonntag.

Wenn unser Herr und Meister, Jesus Christus, spricht:
Tut Buße, so will er, daß unser ganzes Leben eine Buße sei.

Unser Lehren und unser Lernen,
wenn wir miteinander singen und tanzen,
wenn wir von einander scheiden und sterben.

Wenn unser Herr und Meister, Jesus Christus, spricht:
Tut Buße, so will er, daß unser ganzes Leben eine Buße sei.

Tagesgebete (Kollektengebete)

Der Wechsel von der Bezeichnung Kollektengebet zu Tagesgebet markiert einen Wandel der Form und des Stils. Der Variantenreichtum der unübersehbaren Zahl entstandener und veröffentlichter Eingangsgebete ließ sich nicht mehr in die klare Struktur der klassischen Kollekte einfügen. Es lohnt sich allerdings, sich diese Struktur zu vergegenwärtigen, weil sie Ausdruck eines theologischen Programms ist, das nach wie vor das Beten anleiten kann.

Nach einer Aufforderung:

Laßt uns beten

folgt die *Anrede*:

Herr Gott, himmlischer Vater

Nun folgt die *Erinnerung an Gottes Handeln* (Prädikation), das als die Begründung und Vergewisserung für die gegenwärtige Bitte verstanden werden kann:

du stärkst die Müden und richtest die Verzagten auf

Die auf diese Weise thematisch vorbereitete *Bitte* schließt sich an:

Verleihe uns, daß wir, in deiner Gnade geborgen,
alle Anfechtungen überwinden
und allezeit in Dir Hoffnung haben.

Den Abschluß bildet die sog. *Mittlerformel* (Konklusion), die aufgrund ihres einprägsamen, stets wiederkehrenden Wortlauts als das Charakteristische des Kollektengebets empfunden wird.

Durch unseren Herrn, Jesus Christus, der mit dir und dem heiligen Geist lebt und regiert von Ewigkeit zu Ewigkeit.

Allerdings entfällt bisweilen der weit ausschwingende Lobpreis (Doxologie), der mit der Mittlerformel verbunden ist. Die Gemeinde beschließt diesen Gebetsakt mit ihrem:

Amen

Die Anrede – nicht nur der Kollektengebete – enthält oft bereits im Kern die in jedem Beten mitgesetzte Gottesbeziehung und ist aufschlußreich für das Gottesbild.

Zur Anrede in gottesdienstlichen Gebeten

Kurt Dohm

Im Gebet sprechen wir mit Gott. Wir reden zu ihm. Also müssen wir auch eine Form finden, wie wir ihn anreden können und wollen. Im persönlichen Gebet ist uns da viel Freiheit gegeben. Die Anredeform hängt ab von der jeweiligen Situation, sie hängt ab vom Anlaß und Inhalt des Gebetes. Da können wir auch schon einmal sozusagen mit der Tür ins Haus fallen und auf Formen ganz verzichten.

Anders ist es im gottesdienstlichen Gebet. Der Pfarrer spricht für die ganze Gemeinde. Er muß Formen finden, in denen sich möglichst viele wiederfinden können. Er muß sein Beten auch theologisch und sprachlich verantworten können. Das gottesdienstliche Gebet ist deshalb naturgemäß viel formaler und strukturierter als das persönliche. Es muß darum aber nicht zwangsläufig zur Anhäufung von leeren Formeln werden.

Agendarische Gebete haben die Aufgabe, Hilfe zum Beten des Pfarrers für die Gemeinde zu sein. Sie sind so etwas wie eine Sprachschule des Gebetes. Sie laden ein zum Nachbeten. Sie stellen Formen und Inhalte zur Verfügung, die in der Kirche erprobt sind und die einen gewissen Konsens innerhalb der Kirche gefunden haben. Sie wollen so auch dem persönlichen Beten Hilfe und Richtschnur sein.

Sehr viele Pfarrer aber verwenden die agendarischen Gebete gerade nicht. Ihre Sprache scheint ihnen überholt zu sein, die Inhalte unzeitgemäß, die verwendeten Begriffe zu formelhaft. So greifen sie lieber zu alternativen Gebetbüchern oder formulieren eigene Texte.

Ich will hier nicht im einzelnen untersuchen, wie weit die Zurückhaltung gegenüber agendarischen Gebeten zu Recht oder Unrecht besteht. Ich möchte mich allein auf die Anredeformen in den gottesdienstlichen Gebeten beschränken.

Sowohl in den alten Agenden wie auch in der Erneuerten Agende wird Gott überwiegend angeredet mit Formeln wie: »Ewiger Gott!« »Allmächtiger, barmherziger Gott!« »Himmlischer Vater!«

Theologisch mag es ja berechtigt sein, den unendlichen Unterschied zwischen Gott und Mensch, Schöpfer und Geschöpf, dem Ewigen und uns Zeitlichen herauszustellen. Theologisch gibt es Gründe, diese tiefe Kluft und den vom Menschen unüberbrückbaren Abstand zu betonen. Aber es scheint mir fraglich, ob ein solcher Gebetsanfang, von bestimmten Ausnahmen vielleicht abgesehen, im Gottesdienst hilfreich ist.

Im Gebet suchen wir mit Gott ins Gespräch zu kommen. Eine Anredeform wie »Ewiger, allmächtiger, barmherziger Gott!« schafft zunächst einmal statt Nähe Abstand, statt Vertrautheit Fremdheit, statt Geborgenheit Furcht. Wenn ich als Pfarrer für die Gemeinde so zu sprechen beginne, wie soll ich diesen Abstand in den folgenden Sätzen je wieder überwinden? Wie soll ich die Mitbetenden, die ich sprachlich eben so weit von Gott entfernt habe, je wieder heranholen und ins Gespräch mit hineinnehmen? Das ist, als führe ich jemanden in den Thronsaal eines Schlosses, der überfließt vor Reichtum und Prunk, an dessen anderem Ende irgendwo der Herrscher auf seinem Stuhl sitzt. Und dann führe ich den Betreffenden durch diesen langen Saal auf den Herrscher zu und sage zu ihm: »Nun trage getrost dein kleines oder großes Anliegen vor. Siehe, hier ist dein Freund, der dich anhören wird.« Muß der Betreffende nicht vor Furcht und Scham in den Boden versinken? Was soll er denn jetzt noch vorbringen? Er wird verstummen, bestenfalls mir das Reden überlassen. Und so redet dann ja auch der Liturg, wenn er denn so beginnt, meist allein mit Gott. Die anderen scharren mit den Füßen, gehen mit ihren Blicken die Wände entlang, hängen mit ihren Gedanken sonstwo und freuen sich auf das Amen. Da kann das, was im Gebet dann gesagt wird, noch so freundlich und menschlich sein, die Anrede hat alles verdorben.

Ich halte es auch für problematisch, Gott im Gebet mit Eigenschaften wie »allmächtig, allgegenwärtig usw.« zu belegen. Ich wecke damit Erwartungen, die oft von der Lebenswirklichkeit der Mitbetenden nicht gedeckt sind. Sie erleben Gott in ihrem Leben ganz anders. Da erweist er sich trotz vieler Gebete nicht als mächtig, nicht als gegenwärtig. So ist es kein Wunder, wenn manche überhaupt nicht mehr beten mögen oder können. Der biblische Gott, gerade auch wie er sich in Christus offenbart hat, zeigt sich eher als der leidende, als der ohnmächtige Gott, der uns gerade darin nahe ist.

Wie aber sollen, können und dürfen wir dann mit Gott sprechen, wie ihn anreden? Möglichst einfach: »Herr«, »Gott«, »Vater« (so haben wir es bei Jesus gelernt), »Du« (welch ein Geschenk, daß wir »Du« sagen dürfen zu Gott und nicht »Sie« oder anderes!). In diesem allen lassen wir es nicht an dem nötigen Respekt und an der gebotenen Achtung fehlen.

Dann können wir diese Formen ergänzen, je nach Nähe oder Ferne, nach Situation oder Anliegen: »Lieber Herr«, »Guter Gott«, »Unser Vater«, »Du, mein Gott«. Oder wir können Bilder gebrauchen, die uns vertraut sind und die uns helfen, Fremdheit und Ferne zu überwinden: »Gott, der Du für uns bist wie Vater und Mutter«, »Gott, Freund der Menschen«, »Herr, meine Zuversicht, meine Hoffnung«. Das läßt sich vielfach fortsetzen.

Mancher oder manche würde heute auch gern sagen: »Gott, unsere Mutter«. Das könnte ich so nicht sagen. Ich halte das auch theologisch für fragwürdig, weil da religiöse Dimensionen eingetragen werden, die in biblischer Glaubensgeschichte ausgeschieden wurden. Aber wir sollten ebenso

vermeiden, Begriffe und Titel zu verwenden, die – abgesehen von der Anrede »Herr« – eindeutig maskulin besetzt sind und vor allem solche, die irgendwelche absoluten (meist männliche) Herrschaftsstrukturen widerspiegeln: »Du, unser größter Regent«, »König«, »Herr über ...«, »Fürst«. Sehr hilfreich halte ich Gebetsanfänge und Anredeformen, die die jeweilige Situation selbst aufnehmen und zur Sprache bringen: »Aus der Tiefe rufen wir, Herr, zu dir ...« »Wir liegen vor dir, Gott, mit unserem Gebet ...« »So viele Dinge, Gott, haben wir mitgebracht, die uns ...«. In diesen Formen, für die es gerade in den Psalmen, die ich immer noch für die beste Gebetsschule halte, viele Beispiele gibt, können auch die Ferne und die Distanz, die uns von Gott trennen, zur Sprache gebracht werden. Und indem sie so angesprochen werden, werden sie zugleich überwunden.
Mit welchen Worten, Begriffen oder Formen wir uns auch an Gott wenden, letztlich kommt es darauf an, daß wir eine Sprache finden, die die Mitbetenden nicht von Gott fernhält, sondern sie ihm nahebringt, die nicht verschließt, sondern die öffnet und Grenzen überschreitet, zu Gott hin. Dabei setze ich voraus, daß jeder, der im Gottesdienst für andere betet, weiß, daß es eine Grenze gibt, die zu überschreiten uns nicht gegeben ist, die wir darum auch mit noch so passender Sprache nicht öffnen können. Das kann allein von Gott her geschehen. Der aber hat uns wissen lassen: »Bittet, so wird euch gegeben; suchet, so werdet ihr finden; klopfet an, so wird euch aufgetan« (Matthäus 7,7). Das gibt Mut genug zum Beten.

Viele *Tagesgebete* sind von der klassischen Kollekte dadurch unterschieden, daß sie entweder einen Bestandteil reduzieren oder völlig löschen – oder aber extensiv ausgestalten. Oft ist die Struktur völlig aufgelöst und kaum identifizierbar, wenn auch die Gedankenbewegung der Beter erhalten blieb: Anrede – Erinnerung – Bitte.

Tagesgebete

Vergebung **Jürgen Frank**

Jesus, Nähe suchender Bruder,
Tage und Nächte hast du geteilt mit den Freunden
und auch die Erfahrung, daß in größerer Nähe
auch der Schmerz sich vergrößert und unsere Schwächen,
durch die wir aneinander leiden.
Erwärme die Kälte gegeneinander,
den Stolz, der sich sperrt,
aus der Vergebung zu leben.

Damit wir nicht warten auf die Wandlung des anderen,
auf den vollkommenen Nächsten,
sondern den anderen suchen,
in schmerzoffener Liebe
und bereit zu vergeben.

Das Leben ergreifen **Winfried Müller**

Vater, wir danken dir.
Im Dunkel der Zukunft leuchtet dein Licht.
Gib, daß wir den Weg finden,
die Wahrheit erkennen
und das Leben ergreifen
in deinem Sohn Jesus Christus,
der mit dir und dem Heiligen Geiste
lebt und herrscht in Ewigkeit.

Kirche **Christian Zippert**

Herr, unser Gott,
du hast uns zusammengerufen
als dein Volk,
als Gemeinde,
als Teil der einen, weltweiten,
für alle Menschen offenen Kirche.
Wir bitten dich:
Gib uns deinen Geist,
daß wir dein Wort hören,
unsere Schuld erkennen
und deine Gnade ergreifen
in Jesus Christus,
deinem Sohn, unserem Bruder.

Sinne **Jürgen Frank**

Wenn wir uns bewegen, bis du noch zu fühlen,
Jesus, unser Bruder,
und wenn wir sprechen, hört man dich auch:
Da wo wir essen, und mit uns die Schwestern
und mit uns die Brüder,
da kann man sie schmecken und kann sie genießen,
Herr, deine Freundlichkeit und deine Güte.

Auch als Berührung von Händen,
die trösten und segnen,
kann man dich spüren,
und als vorsichtig suchende Schritte,
die tastend sich nahen.
Gebrauch du unsere Sinne und mach sie empfindlich,
die Sehnsucht nach Leben weiterzugeben.

Kollektengebet **Bärbel Schäfer-Goetz**

Herr, unser Gott,
ohne Dich können wir nicht leben,
nicht aufrecht gehen.
Laß uns erfahren, daß Du mit uns
auf dem Wege bist.
Gib uns Anteil an der Kraft
unseres Herrn Jesus Christus,
der mit Dir und dem Hl. Geist lebt
und regiert von Ewigkeit zu Ewigkeit.
Amen.

Miteinander fröhlich sein **Klaus von Mering**

Gebet am Sonntag nach Ostern – Vorstellung der Konfirmanden

Gott, fröhlich sind wir gern. Aber was das mit dir zu tun hat, das sehen wir oft nicht.
Wir denken meistens, wir könnten selbst entscheiden, wie wir leben wollen – und gegen den Tod kann man sowieso nichts machen.
Aber du sagts uns: Ich habe den Tod überwunden, in meiner Nähe kann er euch auch nicht mehr zerstören.

Gott, zerbrich die Panzer unserer Sicherheit, wie du den Tod zerbrochen hast!
Zerstöre die Angst, die uns ständig danach schielen läßt, was die andern machen und sagen, wie du die Pforten der Hölle zerstört hast.
Öffne uns die Tür zu deiner Gemeinde und ihren Gottesdiensten, wie du die Tür zum Paradies wieder aufgestoßen hast,
damit wir miteinander fröhlich sind in deinem Namen.
Amen.

Weihnachten **Klaus Eulenberger**

Gott, wir tragen dir alles an, was uns bewegt und bedrängt:
unseren Hunger und Durst nach Frieden und Liebe,
unsere Angst vor Unfreundlichkeit und Haß,
unseren Mangel und unsere Sehnsucht,
die Kälte, die uns droht, unsere Heimatlosigkeit,
alles, was uns weh tut und was uns erfreut.
Wir danken dir, daß du zur Welt gekommen bist.
Daß du unter uns bist und bleibst bis ans Ende aller Tage,
weil das Gotteskind, der Sohn Marias und Josefs, geboren ist.
In ihm bist du niedrig und gering geworden,
schutzlos und ungeschützt, ein Gott ohne Macht.
Laß uns werden wie dieses Kind,
das den Armen zugetan war und die Hungrigen sättigte,
die Niedrigen erhöhte und aus Bettlern Könige machte.
Laß uns hungern nach Gerechtigkeit und dürsten nach Frieden,
laß uns entschieden gewaltlos gegen alles aufstehen, was tötet.
Dein Friede sei mit uns, Gott,
und mit uns laß ihn kommen auch zu denen, die ohne Frieden
und ohne Hoffnung sind.
Amen

Kirchen **Jürg Kleemann**

Gott, heiliger Geist,
wir loben dich für die Kraft,
mit der du Menschen untereinander verbindest
zu immer neuen Formen
der Anbetung, der Feindesliebe, der Hoffnung.
Wir danken dir für die Kirche,
mit der du uns eine neue Heimat und Familie gibst,
mit der du uns auf ein ewiges Fundament stellst:
auf das göttliche Wort, das Jesus Christus heißt.
Sein Name sei gelobt!
Sei gelobt in den barocken Farben,
in der romanischen Strenge,
in der ökumenischen Vielfalt.
Sei gelobt in den Gesängen der Orthodoxen,
in der Predigt der Protestanten,
in den Messen der Katholiken,
in den Weissagungen der Pfingstkirchen.

Gott, heiliger Geist!
Du Freude der jungen Kirchen.
Du Trost der verfolgten Gemeinden.
Du Lebenskraft der alten Konfessionen.
Erfülle uns mit schöpferischer Kraft und Fantasie,
damit wir uns anderen Menschen verbünden,
miteinander Brot und Wein teilen, Frieden siften
und an *einer* Kirche weiterbauen,
die deinen Namen verdient und deine Geschöpft ehrt.
Amen

Buß- und Bettag **Klaus Eulenberger**

Das Vergangene ist nicht tot, es ist nicht einmal vergangen.
Nicht, was uns zugefügt wurde, nicht, was wir getan haben.
Aber wir trennen es von uns ab und stellen uns fremd.
Wir wollen, daß das Gewesene uns nicht mehr kränkt,
wir wollen nicht erinnert sein an unsere Schuld,
wir glauben, Lebenslast losgeworden zu sein, für immer.
Aber sie holen uns wieder ein:
der Kummer, der nie verwundene Schmerz,
die Selbstvorwürfe, das verfehlte Leben, die Trauer über das,
was nicht werden konnte oder abgebrochen ist.
Gott, wir bitten dich um den Mut,
anzusehen, was geschehen ist und was wir getan haben,
zu reden von dem, was wir lieber verschweigen möchten,
Schuld auf uns zu nehmen, für die wir verantwortlich sind.
Wir vertrauen auf deine Barmherzigkeit,
die größer ist als unsere Vorstellungskraft.
Nimm dich unserer an in Güte und Liebe,
laß uns aufrichtig und deutlich sein,
und laß uns erfahren, daß du alle unsere Schuld hinter dich
zurückwirfst.
Amen

Fürbittengebete

Die Fürbittengebete öffnen am Ende den Gottesdienst für den Alltag der Welt. Da die Formulierung von Fürbitten als der besonders geeignete Ort betrachtet wird, an dem die Stimme von einzelnen Gemeindegliedern oder von Gottesdienstvorbereitungsgruppen laut werden kann, mag eine Art ›Brainstorming‹ zur Thematik anregend sein. In der hier angebotenen – oder abgewandelten Form – ist die Liste der Einfälle ein geeigneter Einstieg zu klärenden Gesprächen über die Vielfalt der durch das Beten aufgeworfenen Fragen.

Weil wir nie wissen können, was wir beten sollen, wie sich's gebührt ... (Römer 8,26)

Versuch einer Annäherung ans Beten

Dieter Schupp

1. Es gehört zum Wesen des Betens, präzise zu sein, eindeutig und glaubwürdig.
2. Ein zensiertes Beten ist unmöglich.
3. Danken und loben, bitten und hoffen sind etwas Elementares. Aber auch den Tag bedenken und über Erlebtes nachdenken.
4. Nirgendwo steht geschrieben, und dennoch scheint es mir berechtigt zu sein, zu fragen.
5. Auch ein Seufzen auf dem Krankenbett oder ein Stöhnen nach Arbeitsschluß kann, fehlen einem die Worte, ein Gebet sein.
6. Sterbende sind nicht selten nur noch zu einer Geste fähig, womit sie sich zur Sprache bringen wollen. Es gibt keinen Grund, anzunehmen, daß diese stumme Geste nicht ein Gebet ist.
7. Beten ist etwas Persönliches, etwas Intimes.
   Es gehört ins »Kämmerlein«.
8. Man kann nicht beten, ohne sich selbst dabei auszuklammern.
9. In den Momenten, wo wir sprachlos geworden sind, sind wir angewiesen auf Worte anderer, die wir uns ausleihen dürfen.

10. Beten heißt: Ich muß mein Sprüchlein schon selber sagen. Denn nichts ist vergleichbar in meinem Leben mit dem, was andere – vor mir oder mit mir – erlebt haben.

11. Mein Gebet lasse ich mir von niemandem abnehmen. Ich vertraue darauf, daß ich mich vor Gott selbst zu Sprache bringen darf.

12. Ich will nicht, daß mich andere in ihr Beten »miteinschließen«. Doch wenn sie an mich denken, will ich es sie gerne wissen lassen, daß ich mich darüber freue.

13. Unter bestimmten Umständen und auch aus aktuellen Anlässen kann ich mit anderen gemeinsam beten und auch »Wir« sagen.
Das Beten wird jedoch dann zum öffentlichen Bekennen.

14. Wo nur Worte rasseln, kann von beten keine Rede sein.

15. Sowohl die Freude als auch das Glück, die Trauer und das Leid, sie wollen sich mitteilen und sind auf Sprache angewiesen.

16. Das Beten ist ein Feind von allen Vagheiten, Ungenauigkeiten und von allem Oberflächlichen.

17. Wenn ich mir Gedanken mache, über mich, mein Leben und mein Zusammensein mit anderen, dann bete ich – auch wenn mir das so nicht bewußt ist.

18. Gerade das Statistisch Nicht-Erfaßbare will mich zum Verwundern bringen, und wartet darauf, daß ich es erkenne.

19. Wir sind stets unterwegs, auf der Suche nach einer guten Adresse. Die, die beten, wissen im Glauben, daß sie stets und überall erhört werden.

20. Alles, was uns betrifft und sich in uns einnistet, will auch wieder herauskommen.
Wir dürfen – um uns selbst nicht zu schaden – es nicht für uns behalten wollen.

21. Beim Beten dürfen wir auf intelligente und auf Reimworte verzichten. Es ist uns erlaubt, so zu reden, wie wir es – einem guten Freund gegenüber – tun würden.

22. Wir brauchen uns um die rechte Einleitung, um die Anrede und um den Schluß keine Sorge zu machen.

23. Kein Gebet braucht eine bestimmte Form und es ist auch nicht angewiesen auf bestimmte heilige Stichwörter.

24. Von Belang ist, daß wir uns das von der Seele reden, was uns unbedingt angeht und was wir »los« werden möchten.

25. Es gibt nichts Subjektiveres als ein Gebet.

26. Zur Eigenart der Subjektivität gehört es, daß die erlebte und erfahrene Wahrheit sich ausdrücken will. In aller Regel ohne Punkt und Komma.

27. Gute Worte, schöne Form? Wer betet, kann darauf nicht acht geben.

28. Das Gebet hat die Absicht, etwas Gültiges, aber nie etwas Endgültiges zu formen, um es zu formulieren.
Nie will es etwas für die Ewigkeit zum Ausdruck bringen.

29. Während des Betens ordnen und sortieren sich die Gedanken meist von selbst.

30. Die Folge ist, daß ich für mich selbst erkenne, was wesentlich ist und unwesentlich. Was der Worte bedarf und was ich wortlos einfach so hinnehmen darf und soll.

31. Das Beten fragt nach Vergangenheit, Gegenwart und Zukunft – an grammatischen Richtigkeiten ist es jedoch nicht interessiert.

32. Jeder Mensch, der betet, ist auch ein Dichter. Denn er will nichts erfinden, sondern das zur Sprache bringen, was er fühlt und empfindet; wovor er sich fürchtet und was ihn bedroht, aber auch was ihn beglückt und selig macht.

33. Wer dichtet und somit etwas verdichtet, ist meist nur auf wenige Worte angewiesen.

34. Das Beten ist weder auf bestimmte Orte noch auf Gesten oder andere Bedingungen angewiesen.

35. Alles, was mich unbedingt angeht, mich umtreibt und von mir begriffen werden will, hat 'was mit Beten zu tun. Sofern ich ernsthaft darüber nachsinne und nicht nur vor mir und in mir dazu Gedanken mache.

36. Schon wenn ich versuche, etwas Unbegreifliches zu begreifen, bete ich – ob mir das bewußt ist oder nicht.

37. Beten kann man nur Zuhause, unter einem Dach, in der Stille und da, wo nichts befohlen wird. Wo ich suchen und drucksen und drumherumreden kann, solange, bis ich das treffende Wort gefunden habe.

38. Man wird sich fragen lassen müssen nach den Beweggründen des Herzens.

39. An der Wahrheit, so peinlich sie auch immer für mich sein mag, führt kein Weg vorbei.

40. Es gibt keinen Menschen, der sich nicht verstanden wissen möchte – und der nicht darauf hofft, erhört und verstanden zu werden.

41. Beten ist nie etwas Grundloses und Absichtsloses.

42. Es gibt weder zeitliche noch räumliche Verbindlichkeiten, Einschränkungen oder Begrenzungen.

43. Wer betet, ist überzeugt davon, daß seine Worte nicht ins Leere gehen. Und daß nichts so bleiben wird, was er zu beklagen und zu bejammern hat.

44. Jedes Gespräch des Herzens mit Gott ist ein Gebet.

45. Es gibt keinen Grund anzunehmen, daß nur die Kirche ein Ort ist zum Beten.

Gebete

Am Neujahrstag **Klaus Eulenberger**

Gott, der du bist und der du warst und der du kommst:
Wir suchen dich und sind schon von dir gefunden,
wir begegnen dir, wohin wir kommen,
unsere Zeit steht in deinen Händen.
Du bist unter uns als der Mut zum Sehen und Hören,
als die Kraft, uns vom Bösen nicht überwinden zu lassen,
als die Stärke, selbst verantwortete Wege zu gehen,
als die Liebe zum Leben, nicht nur zu unserem eigenen,
als die sich erneuernde Hoffnung, die auch dem Schrecken standhält.
Du weißt, Gott, wie gering unsere Kräfte sind,
wie wenig wir »alles« tun und sein können für die, die uns brauchen.
Darum bitten wir dich für alle, denen du dein Gesicht gegeben
und die du bei ihrem Namen gerufen hast,
für die Opfer unter ihnen: die geschändeten Frauen und Kinder,
die Gedemütigten, denen niemand Recht verschafft,
die im Spiel der gewissenlosen Machthaber Verscherbelten,
die ohne Heimat und Zuflucht, die Bedrängten und Abgewiesenen.

Wir bitten dich für alle, die sich verrannt haben und sich nicht helfen können,
für die, die an ihrer Unerbittlichkeit zu brechen drohen,
für die Verwirrten, Desorientierten und Verführten.
Wir bitten dich, Gott, für alle, die Angst um andere oder um sich selbst haben,
für die zu Tode Betrübten,
für die Sterbenden, die sich nicht abfinden können mit ihrem Tod,
für die, die sterben wollen und leben müssen.
Für die Ungeliebten und Vergessenen bitten wir dich,
die keinem fehlen, wenn sie nicht mehr da sind.
In deine Hände sind sie gezeichnet.
Laß keinen von uns verloren gehen.
Im Namen Christi bitten wir dich:

Vater unser im Himmel …

Fürbitten **Bärbel Schäfer-Goetz**

Herr, begleite uns,
begleite deine Welt in das fremde Land, in das neue Jahr.
Sei mit den Menschen, die an führenden Stellen sitzen, die viel Macht haben.
Schenke ihnen Verstand und Weisheit, damit sie zum Wohl der Menschheit handeln.

Sei mit denen, die am Ende dieses Jahres trauern und voll Angst und Sorge sind.
Schenke ihnen die Erfahrung, daß du bei ihnen bist und sie nicht alleine läßt.

Herr, sei mit den Menschen, die voll Zuversicht und Tatendrang in das Neue blicken. Schenke ihnen Beständigkeit und Ausdauer, daß sie zum Segen werden für andere.

Herr, sei mit deiner Kirche, laß uns, die wir dein Volk sind, voll Zuversicht und Vertrauen auf dich das persönliche und kirchliche Leben gestalten. Laß uns zunehmen an Glaubwürdigkeit – an Glaube, Liebe und Hoffnung.

Herr, sei mit allen Leidenden, Hungernden, Gefangenen, sei mit denen, die in Todesangst und Kriegsnot leben müssen.
Sei mit den Einsamen und Verlassenen und Sterbenden.

– Stilles Gebet –

»Von guten Mächten wunderbar geborgen, erwarten wir getrost, was kommen mag. Gott ist mit uns am Abend und am Morgen und ganz gewiß an jedem neuen Tag.« Amen

Vater unser …

Fürbittgebet

anläßlich der Vorstellung der neuen Konfirmanden
im Gemeindegottesdienst

Klaus von Mering

Herr Gott, du bist unser guter Vater, der auf uns acht gibt, unser treuer Bruder, der immer zu uns hält, unser Mut zum Leben, der nicht verlorengeht – Gott Vater, Sohn und Hl. Geist, wir bitten dich:

– für die Jungen und Mädchen, die heute ihre Konfirmandenzeit in unserer Kirche aufnehmen. Wieviel Vorurteile sind da gegen deine Kirche, wieviel voreilige Festlegungen: Langweilig, von gestern, belanglos, heuchlerisch! Öffne du ihre Ohren, Herr, daß sie bereit werden für Unerwartetes und aus unsern Worten deinen Ruf heraushören. Leben in Freiheit und Geborgenheit hältst du für sie bereit, aus unsern Händen sollen sie es empfangen. Laß uns nicht im Weg stehen, wenn du schenkst.

– für die Eltern und Familien, die heute ein Kind auf diesen Weg bringen. Wieviel Unsicherheit ist da, wieviel heimlicher Widerstand auch, sich selber in die Sache hineinziehen zu lassen. Dabei wissen wir alle, wie nötig die Kinder uns Eltern gerade in diesen beiden Jahren brauchen: als Gesprächspartner über das, was wir glauben, aber auch über unsere Zweifel; als erfahreneren Freund, wenn es gilt, in der Begegnung mit der Kirche Enttäuschungen und Bequemlichkeiten zu überwinden.
Hilf uns, Gott, daß uns unsere Kinder wichtiger sind als unsere Gewohnheiten und deine Wahrheit wichtiger als das Gerede der Leute.

– für alle Christen, denen die Konfirmanden in den kommenden beiden Jahren begegnen werden, hier drinnen beim Gottesdienst oder draußen im Alltag: Wieviel festgelegte Meinungen sind da und wie groß ist die Versuchung, auf die Kinder abzuwälzen, womit man selber nicht fertig wird.
Hilf uns, ihren Weg zum Glauben ernstzunehmen, offen zu sein auch bei ungeschickten Fragen, geduldig zu sein auch unter innerer Anspannung, glaubwürdig zu sein auch da, wo schnelle Antworten nicht greifen.

– für alle, die Verantwortung tragen für ein menschliches Gesicht deiner Kirche und für menschenfreundliche Bedingungen in Ausbildung und Arbeitswelt. Wieviel Rechthaberei ist da und wieviel Gedankenlosigkeit! Keiner von uns Erwachsenen hat in seiner Jugend wie diese Kinder unter der Spannung gelitten zwischen Wohlstand und Bequemlichkeit einerseits und einer oft hoffnungslos verstellten Zukunft andererseits. Befreie uns von der Angst, die sich an Überholtes klammert und vor notwendigen Veränderungen zurückscheut, und hilf uns, miteinander zu arbeiten an einer lebenswerten Zukunft und zu feiern, was du uns davon heute schon erfahren läßt.

Wir beten zu Gott, der keinem von uns fern ist.

Wir danken ihm, daß er über allen Veränderungen der Geschichte seiner Gemeinde treu geblieben ist.

Wir bitten ihn, er möge seiner Kirche helfen, die Vergangenheit zu bewältigen, die Gegenwart anzunehmen und mitzugestalten und der Zukunft erwartungsvoll entgegenzugehen, zu lernen, was es heißt, als Christen in einer Welt zu leben, die Gott zwar vergißt, aber ihn braucht.

Wir rufen zum Herrn: Herr, erhöre uns.

Wir beten zu Gott, der keinem von uns fern ist.

Wir danken ihm, daß er auf Frieden aus ist auf der Erde für alle Menschen seines Wohlgefallens.

Wir bitten ihn, er möge den Völkern und ihren Regierungen helfen, Gerechtigkeit walten zu lassen gegenüber jedermann, die Menschenrechte hoch zu achten, den Graben zwischen Reichen und Armen zuzuschütten, die Abrüstung und Sicherheitspartnerschaft voranzutreiben und die Natur zu bewahren, zu lernen, daß Frieden und Leben zusammengehören.

Wir rufen zum Herrn: Herr, erhöre uns.

Wir beten zu Gott, der keinem von uns fern ist.

Wir danken ihm, daß er gekommen ist, Leidende zu erlösen und Benachteiligte zu befreien.

Wir bitten ihn, er möge uns helfen, der Stadt Bestes zu suchen, daß wir für das Wohl aller Bürger eintreten, daß die Wahrheit nicht mit Füßen getreten werde, daß diejenigen nicht übersehen werden, die keinen Fürsprecher haben. Gott lasse uns lernen, ein glaubwürdiges Zeugnis zu geben.

Wir rufen zum Herrn: Herr, erhöre uns.

Wir beten zu Gott, der keinem von uns fern ist.

Wir danken ihm für seinen Zuspruch und für den Auftrag an die Gemeinde.

Wir bitten ihn, er möge unsere Gemeinde segnen, daß sein Wort gehört und verstanden werde, daß Kirchenvorstand, Mitarbeiterschaft und Gemeindegruppen sich neuen Herausforderungen nicht verschließen und weder in Eitelkeit noch in Betriebsamkeit verharren, sondern sich öffnen für die Menschen, die nach dem Sinn des Lebens fragen, daß sie Zeichen der Hoffnung bekommen.

Wir rufen zum Herrn: Herr, erhöre uns.

Amen.

Fürbittengebet **Wolfgang Opitz**

Herr, du bist das Licht für die Welt.
Deshalb bitten wir dich für alle Menschen in der Welt, für Frieden zwischen den Völkern, in diesen Tagen besonders für ...; um Gerechtigkeit für alle, die in Unfreiheit leben müssen; um Brot für die Hungernden und um die Bewahrung der Schöpfung.
Wir rufen zum Herrn: Herr, erhöre uns.

Herr, du bist das Licht für die Welt.
Deshalb bitten wir dich für unser eigenes Volk, um Verständnis und Rücksicht beim Prozeß der Vereinigung; für Bürgerbewegungen und Parteien; für jeden Bürger, auch den ausländischen, daß er Anerkennung gewähre und erfahre.
Wir rufen zum Herrn: Herr, erhöre uns.

Herr, du läßt die nicht in der Finsternis, die dir nachfolgen.
Deshalb bitten wir dich für deine Kirche und alle Christen: Mache sie zu Trägern deiner Hoffnung, fördere den Gemeindeaufbau vor Ort, die Ausbreitung des Evangeliums, die Nächstenliebe und die Öffnung der Kirche nach außen. Laß einen jeden von uns ein waches Ohr haben für dein Wort und ein festes Vertrauen in deine Verheißungen.
Wir rufen zum Herrn: Herr, erhöre uns.
Amen.

Pfingstgebet **Bernhard von Issendorff**

Zu dem Gott beten wir,
der Mose im brennenden Dornbusch erschien:
Du, Flamme, die nicht verzehrt:
Sei mit allen liebenden und leidenschaftlichen Menschen,
daß ihre Begeisterung aufbaut und Freude schafft,
sei mit allen, die sich verzehren und verbrennen,
zeig ihnen in dir den Weg deiner Weisung,
sei mit allen, die Liebe und Leidenschaft nicht kennen,
gib ihnen die Entdeckung der Freude des Lebens.

Zu dem Gott beten wir,
der vor seinem Volk als Wolken- und Feuersäule daherging:
Du, Wegzeichen, das nicht irrt:
Sei mit allen Menschen, die unterwegs sind,
daß sich ihr Weg nicht erst im Ziel, sondern unterwegs entscheidet,
sei mit allen, die kein Ziel kennen und weglos irren,

daß ihnen deine Wegweisung zum Leben dient,
sei mit allen, die nicht mehr die Kraft zum Gehen haben,
stärke sie, daß sie wieder Freude finden zu gehen.

Zu dem Gott beten wir,
der sich als Feuerflamme auf die Häupter der Apostel niederließ:
Du, Geist, der uns verändert:
Sei mit allen Menschen, deren Herz sich verhärtet hat,
daß sie sich wieder erweichen lassen und teilhaben am Puls des Lebens,
sei mit allen Menschen, deren Seele sich verfinsterte,
daß ihnen das Licht deiner Liebe ins Leben strahlt,
sei mit allen Menschen, die durch Krankheit gehen,
daß sie in dir Kraft finden zu einem neuen Leben.

Fürbitten — **Bärbel Schäfer-Goetz**

Gnädiger Gott, du suchst dir einen Weg zu unseren verzagten Herzen.
Wir wollen mithelfen, den Weg zu bereiten,
Trost zu spenden.
Wir wollen helfen mit Worten und Taten.
So halten wir nun Fürbitte, für alle, die Trost und Hilfe brauchen:
Wir beten für die Kranken, Einsamen, Trauernden,
Wir beten für die Müden, Verzagten, Erschöpften.
Wir beten für alle, die Trost spenden durch ihre Anteilnahme an
ihren Nächsten, durch liebevolle Worte und Taten,
für alle, die Trost spenden, indem sie helfen,
das Gesicht unsrer Welt menschlicher zu machen!
Herr, in der Stille bringen wir vor dich all die anderen Menschen,
die auf Trost warten.
Stille
Herr, wir danken dir, daß du zu uns kommst mit neuem Lebensmut,
mit neuer Hoffnung und neuer Liebe!
Wir beten gemeinsam das Gebet unseres Herrn:

Fürbitten zur Konfirmation — **Klaus von Mering**

Nach der Einsegnung und den Abkündigungen

Wir beten, daß uns dieser Tag gelingt. Daß uns das Fest nicht kaputtgemacht wird durch Streit oder Gedankenlosigkeit oder dummes Geschwätz: Herr, gib daß dieser Sonntag ganz besonders dein Tag ist!

Wir beten für diese Jungen und Mädchen, daß sie ihr Glück finden unter den Augen Gottes und mit ihm im Gespräch bleiben, wenn sie sich aufmachen, erwachsen zu werden:
Herr, zieh deine Hand nicht von diesen Jungen und Mädchen ab, auch wenn sie sie einmal aus deiner Hand herausziehen, stolz oder ängstlich!
Wir beten für alle, an denen sich diese Konfirmanden in ihrem Verhalten auch in Zukunft orientieren und von denen sie lernen:
Herr, laß uns nicht versagen, wenn wir dich bezeugen sollen. Und hilf uns, dich auch gerade dann zu bezeugen, wenn wir versagt haben!
Wir beten für die Kinder, die am nächsten Sonntag getauft werden sollen und für alle, die dafür die Verantwortung übernehmen:
Herr, hilf ihnen, ihre Kinder so wichtig zu nehmen, daß es ihnen nicht genügt, sie mit unsern selbstgemachten Sicherheiten zu beschenken, sondern daß sie ihnen den Weg zu dir weisen!
Herr, wir danken dir, daß auf deine Treue Verlaß ist und du nie so verletzt oder enttäuscht bist, daß wir nicht wieder zu dir kommen und sagen dürften: Herr, wir glauben, hilf unserm Unglauben! Amen.

Gott, wie gut, daß ich mir deine Liebe nicht verdienen muß, weder durch mein Singen noch durch meinen anständigen Lebenswandel; du läßt mich bei dir eintreten, als sei ich da immer zuhause gewesen.

Was für ein Glück, daß ich nicht von dem lebe, was ich schon so alles gerdet und gedacht habe, über andere, über mich selbst und über das, was ich für die Wahrheit hielt; du läßt mich leben von deinem Wort.
Wie beunruhigend, wenn ich mir klarmache, wie sehr ich eigentlich dauernd mit mir selbst beschäftigt bin, wievieles schon tot und vergessen wäre, wenn es von meiner Fürsorge lebte; aber es lebt ja alles von dir und deiner Treue.
Wie tröstlich, daß du nicht den Riegel vorgeschoben hast, als ich die Tür zuschlug; mein Leben wäre sonst enger als die kleinste Gefängniszelle; aber du hörst nicht auf, immer wieder neu eine Tür für mich zu öffnen.
Was für eine Aussicht, daß du diese Welt nicht der Hoffnungslosigkeit überläßt, die wir immer wieder verbreiten; deine Verheißungen sind stärker als unsere Ängste.
Wie schön, daß du, Gott, aus jedem unserer Seufzer ein Gebet machst, das nicht unerhört bleibt. Durch Jesus Christus. Amen.

Gebete bei besonderen Anlässen

Gebet zum Schulanfang

mit Beziehung auf Mt 6,43ff. **Klaus Eulenberger**

Gott, wir freuen uns, daß wir auf der Welt sind.
Es gibt so viel Gutes und Schönes in ihr:
das Licht des Sommers und die geheimnisvolle Dunkelheit der Winterabende,
den Geschmack der reifen Äpfel und des klaren Wassers,
Anerkennung durch die Lehrer, Verwöhnung durch die Eltern,
die Freunde, die Geschwister, hilfreiche Menschen.
Die Sonne scheint uns, der Regen fällt, soviel wir brauchen.
Aber die Sonne geht auch über die Bösen auf,
und der Regen fällt auf alle Menschen –
auch auf die, die wir nicht mögen, die Böses wollen und Schlechtes tun.
Du, Gott, bist *allen* zugewandt –
auch denen, die weh tun, hassen und zerstören.
Du liebst alles, was du geschaffen hast.
Es ist schwer für uns, das zu begreifen.
Laß uns freundlich sein auch zu denen, die es nicht gut mit uns meinen,
laß unsere Liebe stärker sein, als es der Haß ist, der uns trifft,
und laß unsere Kräfte wachsen, daß wir das Böse mit Gutem überwinden.
Amen

Gebete zum Familiengottesdienst

Thema »Hände« **Bärbel Schäfer-Goetz**

Eingangsgebet
Herr, wir danken dir für diesen Tag, den du gemacht hast, den du uns schenkst.
Wir danken dir, daß wir an diesem Tag zusammenkommen können, um zu hören, zu loben, zu singen, zu spielen.
Wir danken dir, daß du uns die Kraft und Gesundheit schenkst,
hierherzukommen und diesen Gottesdienst zu feiern.
Wir bitten dich für diesen Tag, für diese Stunde:
Stärke die Gemeinschaft in deiner Gemeinde.
Mehre das Verstehen zwischen jung und alt.
Laß Freude entstehen in dieser Stunde –
Freude, die uns begleitet und trägt an allen weiteren Tagen! Amen.

Schlußgebet
Herr, unser Gott!
Wir schauen auf unsre Hände.
Es sind Hände, die du uns gegeben hast.
Hände, die helfen oder im Schoß liegen.
Die streicheln oder zurückstoßen,
die öffnen oder verschließen.
Helle Hände – dunkle Hände.
Kranke Hände – gesunde Hände.
Verdorrte Hände – lebendige Hände.
Das sind unsere Hände, die du uns gegeben hast,
damit wir mit ihnen Gutes tun, damit wir Freude und Gesundheit schaffen,
damit wir die Not der Welt lindern.
Zeige uns Menschen, denen wir helfen können. Die einsam, krank und schwach sind. Die Hände brauchen, die pflegen und beten. Zeige uns, wo unsre Hände gebraucht werden.
Kräftige und stärke alle unsre Hände!
Hilf uns, daß wir mit unseren Händen das Nötige tun.
Herr, wir befehlen unsre Hände in deinen Geist! Amen.
Wir beten gemeinsam ...

Gebet bei einem Gottesdienst anläßlich eines Sportfestes

Günter Kaltschnee

Pfarrer/in: Herr, unser Gott, wir bitten dich:

A: Segne diesen Festtag und alle, die heute hier in Sachsenhausen Sport treiben und feiern. Mach uns bereit, die Freude dieses Tages weiterzugeben im Alltag.

B: Herr, wir bitten um deinen Segen für die Glücklichen und Erfolgreichen. Lehre sie in ihren Leistungen deine Gaben zu erkennen, daß sie dir danken und sich der Schwächeren annehmen.

C: Herr, wir bitten um deinen Segen auch für die Schwächeren und Langsameren, daß sie nicht in Neid und Trotz ersticken, sondern wissen, daß in unserem Leben mehr zählt als nur der erste Platz.

D: Herr, schenke uns für diesen Tag Kraft und Ruhe für die Aufgaben, die wir angehen wollen. Laß' uns bei allem Kräftemessen wissen, daß jeder, daß wir alle deine Kinder sind, im Glauben bei dir geborgen, von dir angenommen, so wie wir sind.

E: Schenke uns und allen, die wir jetzt in der Stille nennen, deinen Segen.

Pfarrer/in: Gemeinsam beten wir: Vater unser …

Gebet für einen Gottesdienst im Grünen mit der Wandergruppe

Günter Kaltschnee

Pfarrer/in: Lieber Vater, Schöpfer allen Lebens, laß uns Ruhe und Kraft in diesem Gebet finden.

A: Im Alltag nehmen wir so vieles als selbstverständlich hin: reichliche Nahrung, Gesundheit, Arbeitskraft, Erfolge und Freude. Wir denken erst nach, wenn uns etwas fehlt, wenn wir auf Schwierigkeiten stoßen oder manchmal auch, wenn wir die Not anderer miterleben.

B: Wir beten für alle Menschen, die vom Alltag müde oder abgearbeitet sind und die Erholung brauchen. Hilf, daß sie sich auf den Weg machen, um Ruhe und Erholung zu finden.

C: Für die vielen, die sich aufgemacht haben in die Natur und denen es Freude macht, einmal die gewohnte Umgebung zu verlassen: daß alle Last von ihnen abfällt, daß sie sich erholen und mit neuen Eindrücken wieder Kräfte sammeln.

D: Für die Menschen, ob jung oder alt, die sich aufgemacht haben, die Schönheit der Welt zu entdecken, daß sie reicher in ihren Alltag zurückkehren und dankbar sind für das Gute und Schöne, das sie in deiner Schöpfung erlebt haben.

E: Wir bitten für unsere Gemeinde vor Ort. Für die Menschen, die krank sind oder im Sterben liegen, schenke du ihnen Kraft und Hoffnung. Für die Einsamen, Verzweifelten und Traurigen, gib ihnen immer wieder Mut zum Leben.

F: Wir bitten für die, die leiden, an Schmerzen, an Schuld, an unglücklichen Beziehungen oder Lieblosigkeiten; schenke ihnen Trost und Hoffnung. Besonders bitten wir für die, die

Liebe brauchen. Gib uns Kraft, diese Liebe in die Welt zu tragen, laß uns gute und tröstende Worte finden, Zeichen der Liebe und des Vertrauens.

Pfarrer/in: Beflügele uns alle mit deiner Liebe und einem festen Glauben. Stelle uns alle unter deinen reichen Segen durch Jesus Christus, deinen Sohn, unseren Herrn.

In seinem Namen beten wir: Vater unser …

Gebet zum Schützenfest

Günter Kaltschnee

Pfarrer/in: Herr, unser Gott! Wir sind zusammengekommen, um uns heute in diesem Festgottesdienst in Ruhe deiner Liebe zu vergewissern und sie mit in diesen Tag zu nehmen.

A: Wir leben, aus deiner Güte heraus, spüren deine Nähe im Leben und brauchen die Hoffnung auf den Sieg deiner grenzenlosen Liebe. So bitten wir: Gib uns deine Liebe ins Herz, daß sie wirksam werde in der ganzen Welt.

B: Wir spüren den Unfrieden in der Welt, in kleinen Dingen, wie in großen. Wir bitten dich im Kleinen um Besonnenheit, damit wir die richtigen Schritte für ein friedliches Miteinander um uns herum tun. Und wir bitten dich im Großen: Schenke Frieden in den Krisengebieten der Erde.

C: Allmächtiger Gott, du siehst uns alle vor dir, die ganze Menschheit, lauter einzelne Menschen: Manche unruhig, übermütig, unzufrieden und verzagt, viele auch dankbar, voll Freude am Leben und mit der Liebe zu deiner Welt, bemüht, das Gute zu tun im Vertrauen auf deine grenzenlose Liebe. Hilf uns dabei.

D: Wir bitten dich für alle, die heute und morgen bei uns in Sachsenhausen feiern; daß das Fest nicht zur Betäubung dient, sondern in seiner Freude, Fröhlichkeit und Gemeinschaft einen Vorgeschmack gibt auf dein Fest am Ende der Zeit.

E: Wir bitten für alle, die nicht feiern können, weil sie arbeiten müssen, weil sie krank sind oder denen aus Sorgen und Verzweiflung nicht zum Feiern ist. Hilf du weiter, wo wir nicht helfen können, tröste in Verzweiflung und Kummer und mach uns bereit, deine Helfer und Boten zu sein.

F: Wir bitten dich für alle, die in diesen frohen Tagen spüren, wie sehr ihnen liebe Menschen fehlen, wir denken an die Verstorbenen unseres Schützenvereins: Schenke uns die Gewißheit, daß bei dir keiner verlorengeht, sondern aufgehoben ist durch Jesus Christus, für dein Fest ohne Ende.

Pfarrer/in: Schließlich bitten wir dich für uns selbst: Behüte und beschütze uns! Stelle uns unter deinen Segen!

Gemeinsam beten wir: Vater unser …

Gebet zum Dorffest

Günter Kaltschnee

Pfarrer/in: Herr, unser Gott, dir befehlen wir auch heute wieder alle Menschen aus unserem Ortsteil hier in Selbach an. Wir danken dir für die schöne Möglichkeit heute mit den vielen Menschen, die hier im Ort ihre Heimat haben, gemeinsam Gottesdienst feiern zu können. Wir bitten dich, gib deinen Segen für die ganze Veranstaltung. Laß unsere Gemeinschaft hier vor Ort wachsen, laß uns aber auch immer wieder spüren, daß unsere Heimat auch bei dir ist, daß wir in deiner Liebe geborgen sind.
Wir rufen: »Herr, erbarme dich!«

A: Herr, wir nehmen so vieles von dir: unser Leben, unsere Zeit, unsere Freunde. Laß uns nicht vergessen, daß wir so reich beschenkt werden mit Liebe, Güte, Vertrauen und Geduld. Laß uns daran denken, daß dieser Schatz sich vermehrt, indem wir ihn verschenken und daß unsere Lieben und unsere Freunde darauf warten, auch von uns damit beschenkt zu werden. Mach uns dafür bereit, von dem, was du uns schenkst, auch weiterzugeben.
Wir rufen: »Herr, erbarme dich!«

B: Wir bitten dich um Liebe in unseren Gemeinden überall dort, wo Liebe mangelt. Wir befehlen dir die Kranken unserer Gemeinde an. Laß sie spüren, daß wir an sie denken und stärke sie in ihrem Hoffen auf dich. Wir bitten dich für alle, die leiden an Schmerzen, an Schuld, an verhärteten Beziehungen oder am Verlust eines lieben Menschen. Stehe du ihnen bei und schenke Trost.
Wir rufen: »Herr, erbarme dich!«

C: Wir denken an die Menschen unserer Gemeinden, die einsam, unverstanden und ungeliebt sind. Laß uns für diese Menschen zu Boten deiner Liebe werden. Wir danken dir für diese schöne Möglichkeit, gemeinsam diesen Gottesdienst zu feiern. Wir bitten dich für uns alle! Schenke uns deinen Segen und laß uns immer wieder neu erkennen, was du uns Gutes schenkst.
Wir rufen: »Herr, erbarme dich!«

Pfarrer/in: Gemeinsam beten wir: Vater unser ...

Gebet für die Stadt, in der wir leben

Ursel Heinz

Gott, wir beten für die Stadt, in der wir leben.
Wir suchen ihr Bestes, indem wir ihre Anliegen und Probleme vor dir bedenken.

Gott, wir bitten dich zuerst und vor allem für unsere Mitbürgerinnen und Mitbürger, die mit uns in dieser Stadt wohnen.

Sei mit den Kindern, die heranwachsen, und sei mit denen, die sie erziehen.
Sei mit den jungen Menschen, die eine Ausbildung und eine Arbeit suchen.
Sei mit den Liebenden, die ihre Partnerschaft und ihren gemeinsamen Weg beginnen.
Gott, in dieser Stadt beginnen viele Menschen einen Weg in eine Zukunft. Wir alle suchen nach Möglichkeiten einer Entwicklung und immer neuen Gestaltung unseres Lebens. Laß uns die Möglichkeiten zu dieser Entwicklung in dieser Stadt finden.
Gott, wir bringen darum die Anliegen der Menschen vor dich, die diese gute Entfaltung ihres Lebens nicht erfahren.
Wir denken an die Obdachlosen in unserer Stadt. Wir denken an die Sozial Schwachen, die schlecht und unzureichend untergebracht sind. Wir denken an die Ausländerinnen und Ausländer, die Angst haben vor ihren deutschen Nachbarn.
Wir denken an die Arbeitslosen und kleinen Rentner, an die Sozialhilfeempfänger, denen das Auskommen schwer wird.
Wir denken an die Einsamen und Vergessenen in den Altersheimen und geriatrischen Anstalten. Wir denken an die Gefangenen in den Gefängnissen.
Gott, du fragst uns nach unserer Menschlichkeit. Du möchtest, daß wir einander in Liebe tragen. Du möchtest, daß das, was da ist an Lebensmöglich-

keit, geteilt wird an alle. Du möchtest uns allen die Chancen zur Entfaltung und Entwicklung unseres Lebens schenken in dieser Stadt, in der wir leben.

So befehlen wir dir besonders die Männer und Frauen, die berufen sind, das Geschick dieser Stadt zu bestimmen. Wir befehlen dir die reichen und tonangebenden Bürgerinnen und Bürger dieser Stadt. Wir befehlen dir die, die planen und verwalten und die über das Geld und die Verteilung des Geldes verfügen. Wir befehlen dir die, die die Presse und die Meinung machen und deren Worte Gewicht haben.
Gott, laß alle die Frauen und Männer, die es vermögen, daran arbeiten, daß gute Wege in die Zukunft gebahnt werden, daß Wohnraum und Arbeitsmöglichkeit geschaffen werden, daß die Lebenssicherheit verbessert wird. Laß sie mithelfen, daß Wohlfahrt für alle gesucht wird, ein hinreichendes Auskommen für alle, die in dieser Stadt wohnen.
Zugleich aber laß uns alle sorgen, daß unsere Stadt ein menschliches Antlitz gewinnt, daß Menschen anderer Nationalität aufgenomen werden, daß Anders-Denkende und anders Lebende als eine Bereicherung der eigenen Lebensform empfunden werden, daß kulturelles Miteinander entsteht, eine Atmosphäre des Friedens, der Freundlichkeit und des Gesprächs.

Gott, eine Stadt verlangt viel, um zu leben. Sie braucht Stätten der Versorgung und Entsorgung, Grünflächen und Kläranlagen. Schon für die Neugeborenen ist der Platz auf einem ihrer Friedhöfe geplant.
Wir bitten dich für die Krankenhäuser der Stadt, für die Altersheime, für das Obdachlosenasyl, für die Schulen und Ausbildungsstätten, für die Stätten der Kunst und Kultur und für den Zoo.
Laß alle diese Anlagen und Orte der Stadt Räume sein, wo das Leben erhalten und gefördert wird, wo die Menschlichkeit gepflegt wird, wo das Leben Anreiz und Bereicherung erfährt.

Gott, besonders bitten wir dich für die Religionsstätten dieser Stadt. Wir bitten dich für die christlichen Kirchen, zugleich für die kleine Synagoge und für die Moscheen der Stadt. Wir bitten dich für alle die Stätten, wo dein Name, in welcher Form auch immer, genannt und wo deine Liebe und dein Friede gelebt werden. Behüte alle, die sich an solchen Stätten versammeln. Laß sie dein Erscheinen erfahren. Hilf ihnen, einander in Liebe und Achtung zu begegnen.

Gott, laß uns miteinander über alle Trennung der Form hinweg und über die Grenzen von Nationalität, Sprache und Religion, Christen und Nichtchristen, deinen Frieden erfahren und deinen Frieden leben. Laß uns, was wir im tiefsten ersehnen, miteinander in dieser Stadt glücklich sein. Amen.

Gebet zum Sängerfestgottesdienst

Günter Kaltschnee

Pfarrer/in: Lasset uns stille werden und beten. Herr, Jesus Christus, du lädst uns zum Gottesdienst ein. Wir sind dankbar, daß wir uns hier in deinem Namen treffen und miteinander feiern können.

A: Herr, unser Gott, wir danken dir, daß wir dich jeden Tag neu loben und preisen dürfen mit unseren Liedern und unserer Musik. Wir sind dankbar für dieses Jubiläum, das du uns mit der Liedertafel feiern läßt. Wenn unser ganzes Leben ein Singen wäre, Gott, das wäre schön!

B: Viele könnten einstimmen, bis die Melodie der Dankbarkeit in ihren Herzen Platz gefunden hat, die deine Wunder im Kleinen täglich neu entdecken kann: In jeder Stunde der Freude, in unserem Gesang, in der Blüte, die sich öffnet, in dem Kind, das zum Leben erwacht, in Menschen, die einander zugetan sind, in jedem, der nach Hause findet. Laß unsere Ohren die leisen Stimmen vernehmen, mit denen du uns, Herr, leitest.

C: Du weißt Herr, daß uns ein frohes und dankbares Lied nicht immer leicht fällt. In unseren Dank bricht oft die Klage, in unsere Freude die Sorge. Aber deine Treue ist alle Morgen neu, deine Liebe ist ohne Grenzen, du bist bei uns auch in Tagen der Not und der Anfechtung, der Hoffnungslosigkeit und des Schmerzes. Darum danken wir dir für deine Liebe und singen dein Lob.

D: Wir bitten Dich für alle aktiven Sänger, für die Zuhörer, für die, die das Fest mitgestalten und die, die einfach daran teilnehmen und es genießen wollen. Behüte und beschütze du, Herr, sie alle in diesen Tagen des Trubels.

E: Wir denken aber auch an die, die nicht mitfeiern können oder wollen, weil Kummer und Sorgen sie festhalten. Laß sie spüren, daß wir an sie denken, schenke du Trost, wo es nötig ist und mache uns zu Helfern, deine Liebe unter die Menschen zu tragen.

F: Wir bitten dich für alle, die in diesen frohen Tagen spüren, wie sehr ihnen liebe Menschen fehlen, wir denken dabei auch an die Verstorbenen unseres Gesangvereins: schenke uns die Gewißheit, daß bei dir keiner verlorengeht, sondern aufgehoben ist durch Jesus Christus für dein Fest ohne Ende.

Pfarrer/in: Schließlich bitten wir dich für uns selbst: Segne den Dienst aller Chöre. Schenke uns zu unserem Fest Freude, die ansteckt, Herzen, die offen sind für dich und für die Not anderer, Hände, die zupacken, wo Hilfe nötig ist. Stelle uns unter deinen Segen!

Gemeinsam beten wir: Vater unser ...

Gebet zum Feuerwehrfestgottesdienst

Günter Kaltschnee

Pfarrer/in: Herr, unser Gott, an diesem Ehrentag wollen wir dir Dank sagen. Wir danken dir für die 100jährige Geschichte unserer Freiwilligen Feuerwehr. Wir danken dir für die rege Vereinstätigkeit und die Hilfe, die du durch sie gewirkt hast in den vielen Fällen.

A: Dir, Gott zur Ehr' und dem Nächsten zur Wehr!
Wir danken dir, daß du deine schützende Hand über sie gehalten hast und wir in aller Freude dieses Jubiläum an diesem Wochenende feiern dürfen.

B: Wir bitten dich für die vielen Mitglieder in der langen Geschichte unserer Wehr, die verstarben. Dir vertrauen wir sie an. Dankbar für alles Gute, das sie gewirkt haben.

C: Laß uns alle in dieser Gemeinde unsere Aufgaben für dich erkennen, daß wir uns für unseren Nächsten einsetzen, helfen, schützen, achten und Frieden wahren. Gib uns deine Liebe ins Herz, daß sie wirksam werde in aller Welt.

D: Wir bitten dich auch für die weitere Tätigkeit der Freiwilligen Feuerwehr, behüte und beschütze all die, die sich zum Wohl des Nächsten einsetzen. Hilf, daß wir alle sie dabei nach unseren Kräften unterstützen. Behüte unsere Gemeinde durch sie.

E: Gib, daß sich immer wieder Menschen zusammenfinden, die sich freiwillig zum Wohl und Schutz der Allgemeinheit einsetzen, auf daß unsere Feuerwehr noch weiter viele Jahre segensreich wirken kann. Dir Gott, zur Ehr, und dem Nächsten zur Wehr.

F: Gemeinsam beten wir: Vater unser ...

Kirchengebet zum Kirchweihfest

Klaus von Mering

Liturg/in: Großer Gott, Herr über Lebende und Tote, wir danken dir für die Ermutigung deines Wortes, für die Kraft deiner Liebe, für die Gemeinschaft aus deiner Vergebung: wir danken dir für deine Kirche, hier in Langeoog und überall in der Welt.
Wir danken dir für diesen Ort der Anbetung, der Herausforderung, uns dem Werk deines Friedens zu stellen und der Geborgenheit vor den Mächten dieser Welt. Du hast uns diese Kirche über die vergangenen 100 Jahre bewahrt und richtest sie heute neu unter uns auf durch Predigt und Gebet. Weil du der Gott bist, der unser Leben heute und in Zukunft trägt, rufen wir dich an:

Gemeinde: Kyrie eleison

Lektor/in 1: Vater, wir bitten dich für eine Kirche, die die Wahrheit sagt, auch wenn sie unbequem ist, die Menschen nicht abschreibt, auch wenn sie durch eigene oder fremde Schuld ins Abseits geraten sind, die Gemeinschaft gewährt im Namen Jesu Christi, wo jeder nur auf seinen Weg sehen möchte. Vergib, wo wir als deine Gemeinde nicht gelebt haben, was wir bekennen und sagen, wo wir uns aus der Verantwortung gestohlen oder so getan haben, als brauchtest du uns nicht für dein Werk der Liebe zu allen Menschen. Wir rufen zu dir:

Gemeinde: Kyrie eleison

Lektor/in 2: Wir bitten dich für alle Kirchen und Konfessionen, daß sie sich gegenseitig reich machen mit ihren Einsichten und Erfahrungen, statt sich als bedrohliche Konkurrenz zu bekämpfen. Du allein bist es, in dem wir alle eins sind. Hilf uns, aufeinander zu achten und miteinander für die einzutreten, die uns brauchen. Weil wir die eine Kirche Jesu Christi auf Erden glauben, aber noch nicht haben, rufen wir gemeinsam:

Gemeinde: Kyrie eleison

Lektor/in 3: Wir bitten dich für eine Welt, in der die Menschen Menschen sind, menschlich, wie du sie als dein Ebenbild geschaffen und zur Mitarbeit mit dir berufen hast. Eine Welt, in der das Recht die Gewalt im Zaum hält, in der die Reichen mit den Armen teilen, in der die Freiheit nicht zum Deckmantel der Bosheit mißbraucht, sondern zur Überwindung von Knechtschaft und

Ausbeutung verschenkt wird. Weil wir an eine solche Welt in Deinem Namen glauben, sie aber noch nicht haben, rufen wir dich an:

Gemeinde: Kyrie eleison

Lektor/in 4: Wir bitten dich für alle, die Opfer zu werden drohen oder schon geworden sind, Opfer von Kriegen und Katastrophen, Opfer von Haß und Gleichgültigkeit, Opfer eigener Gier oder fremder Willkür. Öffne uns Herzen und Hände, daß wir Not lindern, wo wir es können. Laß uns den Frieden fördern, den Frieden unter den Völkern und den Frieden mit deiner Schöpfung. Und hilf uns einzutreten gegen alles, was Menschen abhängig und unfrei macht. Wir rufen dich an:

Gemeinde: Kyrie eleison

Liturg/in: Heiliger Gott, guter Vater in Jesus Christus, wir glauben deine Wirklichkeit und Wirksamkeit, an uns und durch uns und über uns hinaus. Segne deine Gemeinde, die sich hier versammelt, heute und in Zukunft, und laß auch die nicht aus den Augen, die nicht hier sein können oder wollen. Sie brauchen dich ja nicht weniger als wir. Schenke uns immer wieder neu Gemeinschaft unter deinem Wort und an deinem Tisch. Bleibe bei uns in allen Nöten und Gefahren, aber auch in aller Freude und Lebenslust. Richte dein Reich auf bei uns und in aller Welt, damit du endlich alles in allem bist, du der Vater, der Sohn und der Heilige Geist, der eine wahre Gott in Ewigkeit.

Alle: Vater unser ...

Meditationsgebet zum Reformationstag

Wolfgang Gerlach

Der erste Satz in Luthers Plakat an Wittenbergs Schloßportal hieß:
»Da unser Meister und Herr Jesus Christus spricht: Tut Buße etc., will er, daß das ganze Leben seiner Gläubigen auf Erden eine stete oder unaufhörliche Buße sein soll.«
Buße – das Wort hat einen veralteten und verbrauchten Klang. Hören wir die Töne, die darin mitschwingen:
Umdenken – Umkehren – Erneuern sind die Noten, die wir besser verstehen.

Umdenken, ja, das ist wahrlich gefragt: umdenken als Frage, ob wir nicht ganz anders unser tägliches Leben gestalten müßten: langsamer die Schnellen, bescheidener die Verschwender, leiser die Vollmundigen.
Umkehren – wohin? Wer umkehrt, muß erst einmal stehenbleiben mitten im Strom derer, die immer weiterdrängen. Aufhören, immer so weiter zu machen wie bisher. Die Trampelpfade sind ausgelatscht, die Wörter sind ausgelutscht, die Menschen sind ausgelaucht.
Und dann, wenn wir dann plötzlich allein sind, dann werden sich uns neue Wege zeigen. Dann kann dir die Wahrheit des Satzes aufgehen, der lautet: Der Mensch wird des Weges geführt, den er wählt.
Dann wirst du Erneuerung erfahren. Du wirst dich flüstern hören: Ich fühle mich wie neugeboren.
Unser Gott, solche Gedanken laß weiterwirken in jedem einzelnen von uns, in deiner ganzen Kirche, und auch bei denen, die nichts von dir wissen wollen. Wir vertrauen auf dein Wort: »Siehe, ich mache alles neu.«
Amen.

An die Portale der Kettwiger Kirchentüren habe ich *Plakate* geheftet mit folgender Aufschrift:

Kein feste Burg ist unsre Kirch

Mit unsrer Pracht ist nichts getan

… so fürchten wir uns manchmal sehr,
ob es uns wird gelingen

Gebete aus einem Familiengottesdienst

Thema: Alt und Jung

Dietrich Mendt

1: Älteres Gemeindeglied
2: Jüngeres Gemeindeglied

1 Herr, wir bitten dich:
gib uns mehr Verständnis für die Fragen, die die Jugend an uns hat!
Laß uns offen sein auch für Ansichten, die wir nicht teilen,
für eine Mode, die uns nicht gefällt,
für eine Musik, die wir nicht gern hören!
Lasse es nicht zu, daß wir sie dauernd mit unserer eigenen Jugend vergleichen und darüber vergessen, daß sich die Zeiten geändert haben!

Gib uns einen klaren Blick für die Schuld, die wir selbst tragen an den Spannungen zwischen jungen Menschen und uns!
Vergib uns alles, was wir falsch machen und sorge dafür, daß es unserer Jugend nicht schadet!
Hilf uns, so zu leben, daß wir jungen Menschen ein gutes Beispiel sein können!

2 Herr, wir bitten dich:
gib uns mehr Verständnis für ältere Leute!
Laß uns offen sein für Ansichten, die wir heute nicht mehr haben!
Hilf uns, daß wir die Einsamkeit und die Not nicht übersehen, in der viele alte Leute leben.
Gib uns den Mut, ihnen zu helfen, auch wenn wir keine Lust dazu haben.
Zeige uns, wo wir von den Erfahrungen der älteren Leute lernen können!
Vergib uns alles, was wir falsch machen und mache uns die Schuld deutlich, die wir selbst haben an den Spannungen zwischen alten und jungen Menschen!
Laß uns nicht vergessen, daß wir selber alt werden!
Amen.

1 Herr, wir bitten dich:
Hilf uns zu einem besseren Verhältnis zwischen uns Älteren und jungen Menschen in unserer Gemeinde!
Hilf uns, Formen unseres Gemeindelebens zu finden, in denen wir uns treffen können und an denen alt und jung Freude haben!
Gib uns Geduld mit denen, die die Kirche anders lieb haben als wir, die unseren Gottesdienst nicht mögen und unsere Bibelstunden!
Zeige uns neue Möglichkeiten, wie wir ihnen unseren Glauben übersetzen können!
Benutze unsere Gemeinde, um ein besseres Verständnis zwischen alten und jungen Menschen zu schaffen.

2 Herr, wir bitten dich:
Hilf uns zu einem besseren Verständnis zwischen den älteren und uns jungen Menschen in unserer Gemeinde!
Hilf uns, Formen unseres Gemeindelebens zu finden, die uns genauso gut gefallen wie den Älteren!
Hilf uns zu verstehen, daß ältere Leute die Kirche anders lieb haben als wir, daß sie einen Gottesdienst schätzen, in dem sie groß geworden sind!
Zeige uns neue Möglichkeiten, wie wir zueinander kommen können!
Benutze unsere Gemeinde und unsere Junge Gemeinde, um ein besseres Verhältnis zwischen alten und jungen Menschen zu schaffen!
Amen.

Die Autorinnen und Autoren

Pfarrerin Berthild Boueke-von Waldthausen, Bielefeld; Pfarrer Kurt Dohm, Bremen; Pfarrer Klaus Eulenberger, Hamburg; Direktor Dr. Jürgen Frank, Kassel; Pfarrer Dr. Wolfgang Gerlach, Essen; Pfarrerin Ursel Heinz, Herten; Studienleiter Bernhard von Issendorff, Wiesbaden; Pfarrer Günter Kaltschnee, Lahntal; Pfarrer Hannes-Dietrich Kastner, Worms; Pfarrer Jürg Kleemann, Florenz; Pfarrerin Hanne Köhler, Flörsheim; Ingrid Kutzbach, Hofgeismar; Superintendent i.R. Dietrich Mendt, Dresden; Pfarrer Klaus von Mering, Langeoog; Pfarrer Winfried Müller, Marburg; Vikarin Kathrin Neuhaus-Dechow, Bielefeld; Pfarrer Frank Niemann, Lehrte-Arpke; Pfarrer Wolfgang Opitz, Penig; Hauptpastor Dr. Klaus Reblin, Hamburg; Pfarrerin Heidi Rosenstock, Schwalbach; Pfarrerin Bärbel Schäfer-Goetz, Vogtsburg-Bickensohl; Dr. Katharina Schmidt, Bielefeld; Pfarrer Arno Schmitt, Mannheim; Pfarrer Dieter Schupp, Kaiserslautern; Pfarrerin Ulrike Trautwein, Laubach; Dekan Klaus Zillessen, Waldshut-Tiengen; Bischof Prof. Dr. Christian Zippert, Kassel